JN439168

아버지의 기둥

현 대 수 필 가 1 0 0 인 선 · 94

아버지의 기둥

정선모 수필선

좋은수필사

■책머리에

수필은 누구나 부담 없이 읽고, 마음만 먹으면 직접 쓸 수도 있는 가장 친근한 문학이다. 다른 영역의 문학이 영상매체에 밀려 신음하고 있는 중에도 수필 인구만은 날로 증가하여 바야흐로 수필 전성시대를 구가하고 있는 이유도 거기에 있을 것이다.

시대적 추세에 힘입어 수많은 수필전문지, 수필동인지가 창간되고, 이에 비례하여 신진 수필가도 날로 늘어나다 보니 이제는 그 많은 작가, 그 많은 작품 중에서 문학성 높은 작품을 가려 읽는 일이 쉽지 않게 되었다. 이런 현상은 작가에게나 독자에게나 결코 바람직한 일이 아니다. 더 나아가서는 수필을 연구하는 후세들에게도 큰 부담이 될 것이다.

이런 문제를 해결하는 데는 출판인도 마땅히 한몫을 감당해야 한다는 평소의 소신에 따라, 본사가 기꺼이 그 역할을 맡기로 했다. 그 첫 번째 사업으로 시대를 대표할 만한 수필가 100인을 선정하고, 작가가 자선한 40편 내외의 작품을 수록한 문고본을 발간하여 이를 널리 보급함으로써 그 소임을 다하고자 한다.

본사는 사명감을 가지고 이 사업을 추진해 나가기로 했다. 작가 선정을 전담할 편집위원회를 구성하고 전권을 위임하여 일체의 사적인 정실이나 청탁을 배제함으로써 전문성과 공정성을 확보해 나갈 것이다.

따라서 이 기획물 속에는 작가의 문학정신뿐만 아니라, 본사의 문학사적 기여 의지와 편집위원 제위의 수필문학에 대한 애정과 문인으로서의 양심이 함께 담겨 있음을 자부한다. 다만, 작가를 선정하는 기준에는 많은 견해의 차이가 있을 수 있고, 선정 과정에서도 미처 챙기지 못한 부분이 있을 것이라는 사실만은 인정하지 않을 수 없다. 이 점에 대해서는 관계자 여러분의 양해 있으시기 바란다.

이 시리즈의 발간 순서는 작가, 또는 본사의 사정에 의한 것일 뿐 그 밖의 어떤 기준도 적용하지 않았음을 밝힌다.

본 기획물이 시대를 초월한 많은 수필 애호가들의 관심과 애정 속에 우리나라 수필문학 발전에 한 이정표가 되기를 바랄 뿐이다.

2011년 8월

좋은수필 발행인 서 정 환

현대수필가 100인선 간행 편집위원 박 재 식 최 병 호

정 진 권 강 호 형

변 해 명

1_부

2_부

3_부

4_부

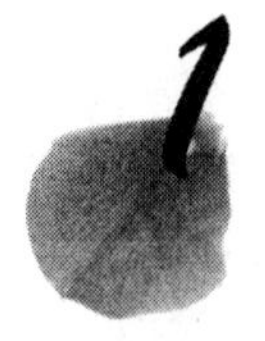

1부

아버지의 기둥

조계사 대웅전에는 지붕을 받치는 버팀목이 서 있습니다. 날아오를 듯한 추녀 아래 붉은빛 원통형 쇠기둥이 지붕 네 귀퉁이마다 버티고 있는 것입니다. 오랜 세월 그렇게 서 있어 이젠 대웅전과 한몸이 된 듯합니다.

조계사 대웅전 보수공사 소식을 신문을 통해 접하곤 마음이 급해졌습니다. 인사동에 나갈 일이 있으면 으레 발길이 그리로 향했던 까닭은 바로 그 기둥을 보기 위해서였습니다. 지금부터 오십 년 전, 6·25 전쟁이 끝난 직후 아버지가 손수 세운 것이기 때문입니다. 보수공사를 한다면 혹 그 버팀목도 제거하지 않을까 싶어 왠지 가슴 한편이 허전해집니다.

오랜 세월이 흘러도 한결같은 모습으로 처마를 떠받치고 있는 기둥을 보노라면 그걸 세울 때의 이야기가 전설처럼 떠오릅니다. 오래전에 세상을 뜨신 아버지의 손길이 경복궁을 비롯하여 보신각, 종각 등에 남아 있긴 하지만 고건축에서 느끼는 위엄과는 달리 조계사의 쇠기둥은 온갖 아픔을 이겨내고 지금껏 굳건히 서 있어 장한 느낌을 줍니다.

전쟁을 치르느라 만신창이가 된 것이 어디 건축물뿐이던가요. 사람 마음에 박힌 파편이나 상흔이야말로 표현할 수조차 없을 만큼 깊이 남아 있을 때의 이야기입니다. 궁궐이나 사찰 같은 곳의 중수, 보수가 한창일 때 고건축 일을 하시던 아버지에게 조계사 대웅전 보수공사 의뢰가 들어왔답니다. 곳곳에 총탄 자국이 나 있고, 금방이라도 지붕이 내려앉을 것처럼 파괴된 대웅전의 모습은 참담하였을 것입니다. 보수가 어려우면 새로 지어도 좋다는 제안을 받고 며칠 동안 정밀 조사를 한 끝에 아버지가 내린 결론은 지붕에 버팀목을 세우고 총탄 자국을 메워 보수하는 것이었습니다. 만약 공사를 하다 지붕이 무너지면 그때 새로 지을 터이니 어떤 일이 발생해도 문제삼지 않겠다는 각서를 받아내고 일을 시작하였다니 당시의 심각한 상황을 미루어 짐작해 봅니다. 재정이 풍부하였다면 처음부터 새로 짓는 게 편하겠지만 당시의 상황이 워낙 어려웠을 때라 최소한의 경비로 최대의 효과를 얻기 위한 고육지책이었을 것입니다. 지금은 서울시 지정 문화재로 등록되어 함부로 손을 댈 수 없지만 그땐 헐고 새로 지어도 되었던 것이지요.

아버지가 생각해낸 것은 사방에서 동시에 지붕을 들어올리고 버팀목을 세우는 것이었습니다. 문제는 기와지붕을 네 귀퉁이에서 동시에 들어올려야 한다는 것입니다. 요즘엔 건축공법이 발달하여 그 정도야 쉽게 해결할 수 있겠지만 오십여 년 전에는 그런 공법을 사용한 적이 없었기 때문에 모든 사람들이 나서서 말렸다고 합니다. 조금만 건드려도 기와지붕이 우르르 무너질 염려가 있으니 무모하다고 생각할 만했겠지요. 기단에 돌을 앉히고 그 속을 갈아내어 쇠파이프를 올려놓은 뒤 지붕을 살짝 들어올려 추녀 아래에 맞춘 다음 다시 살그머니 내려놓아 단단하게 고정시키는 작업이 진행되는 내내 살얼음판 걷듯 조심 또 조심해야 했을 것입니다.

집을 지을 땐 수평을 맞추는 것이 매우 중요하다고 들었습니다. 기초를 다질 때부터 수평을 잘 맞추면 그만큼 힘이 분산되어 집이 안전하기 때문입니다. 버팀목도 마찬가지일 것입니다. 대웅전 안에 한 아름도 넘는 기둥이 여럿 있어도 기와 밑에 들어간 흙을 잔뜩 이고 있으니 오죽 힘이 들겠습니까. 네 귀퉁이에 세운 버팀목은 지붕의 하중을 분산시키는 효과가 있어 그토록 오랜 세월 무리 없이 지탱해온 것이겠지요.

추녀를 들어올려 이윽고 원하던 자리에 기둥이 세워졌을 때 아버지 등에는 큰 물줄기가 흘렀다고 들었습니다. 아버지의 지시에 따라 일꾼들이 일사분란하게 움직이던 당시의 상황을 상상하노라면 긴박감이 느껴집니다. 높은 사다리 위에 올라서서 추녀와 쇠기둥 사이에 자끼라 불리는 지렛대를 끼워 조금씩 들어올리는 작업을 하는 동안에는 힘들다고 중간에 쉴 수도 없었을 것입니다. 동시에 움직여도 차이가 나게 마련이라 그럴 때마다 사방을 돌아다니며 수평을 맞추어 일을 진행해나가던 아버지 모습을 오라버니를 통해 들을 때마다 손에 진땀이 나곤 합니다.

그렇게 세운 기둥이 대웅전을 오십 년 동안이나 지탱해왔습니다. 이런저런 이유로 간혹 조계사 스님들이 각목을 들고 싸우는 장면이 매스컴을 통해 방송될 때마다 정작 우려했던 건 휘둘리는 각목에 맞아 혹여 버팀목 하나가 쓰러지면 어쩌나 하는 것이었습니다. 하나만 쓰러져도 그쪽으로 힘이 쏠려 결국 대웅전이 무너지고 말 테니까요. 다행히 그런 불상사는 일어나지 않았기에 지금껏 버티고 있는 것입니다.

보수공사가 한창 벌어지고 있는 조계사를 둘러보니 지붕을 몽땅 들어내었더군요. 그런데도 아버지의 기둥은 여전히 제자리에 서 있었습니다. 새 지붕을 올려도 철거하지 않을 거라니 마음이 놓입니다. 기와를 들어낼 때 그 안에서 흙이 엄청나게 나왔고, 문화재급 유물들도 상당히 쏟아져 나왔다고 하더군요. 기와 불사할 때 신도들이 넣어둔 갖가지 경전이나 소망을 담은 글 혹은 물건들이지요. 그러고 보니 기둥은 지붕을 떠받치고 있었던 것만은 아닌 듯합니다. 수많은 사람들의 기원을 받쳐 들곤 하늘의 응답을 기다리고 서 있었을 기둥.

아버지의 팔을 만지듯 기둥을 쓸어봅니다. 차가운 쇠로 만들어졌지만 내겐 체온이 느껴집니다. 울뚝불뚝 근육이 강건하였던 아버지의 팔뚝에 매달려 그네를 타던 어릴 적 모습이 아련히 떠오릅니다. 아버지의 기둥은 백 년이 흐르고 천 년이 흘러도 그 자리에 굳건히 서 있을 것입니다. 첨단공법으로 지어진 현대식 건물이나 다리가 우르르 무너지는 걸 볼 때마다 아버지의 기둥이 생각납니다. 무슨 일을 하든 온 마음을 다해야한다는 단순한 진리를 준열하게 일깨우고 있는 조계사 대웅전의 버팀목.

아버지가 그리울 땐 조계사에 갑니다.

거리의 악사

며칠 전, 종로에 나갔다가 참으로 오랜만에 '시인통신'에 들렀다. 골방 같은 그곳에 빽빽이 들어앉아 서로 무릎 맞대고 문학을, 군사정권을, 젊음을 도마 위에 올려놓고 신열을 앓던 예전의 친구들이 떠올라 가슴이 쿵 하고 내려앉는데 한 할아버지가 기타를 메고 우리가 앉은 탁자 옆에 서서 말을 걸었다. 정중하게 연주를 부탁하자 가벼운 손놀림으로 〈애수의 소야곡〉부터 흘러간 가요를 작곡한 연대부터 작곡자까지 설명하며 줄줄이 쏟아놓는다. 동행이 지폐 몇 장 주머니에 넣어드리자 기분이 좋아진 할아버지는 자리를 뜰 줄 모르고 연거푸 연주하는 바람에 나중엔 그만 가시라고 등을 떠밀어야 했다. 할아버지와 기타가 나간 자리엔 쓸쓸함만이 동그마니 남아 있어 한동안 애꿎은 술잔만 만지작거렸다.

오래전, 서울의 남대문 앞 지하도에 거리의 악사가 바이올린을 켜고 있었다. 머리가 하얀 할아버지 악사는 어둠을 몰고 오는 것처럼 서울의 가로등이 하나둘씩 켜지는 꼭 그 시간이면 홀연히 나타나 고전음악을 연주하곤 하였다. 간혹 〈유모레스크〉와 같이 경쾌한 곡을 연주할 때도 있지만 대부분 〈타이스의 명상곡〉이나 〈G선상의 아리아〉와 같이 유장한 느낌을 주는 곡들을 즐겨 연주했다. 가끔 〈바위고개〉나 〈그집 앞〉 같은 그리움 가득 담긴 가곡이 흘러나오기도 하였지만 대중가요를 연주하는 모습은 본 적이 없다. 어쩌다 지나던 취객들이 호기롭게 지폐를 흔들며 〈동백아가씨〉나 〈목포의 눈물〉을 청해도 못들은 척하는 바람에, 기분 상한 그들이 한바탕 조소를 쏟아내도 끝끝내 그분의 바이올린에서 가요를 들을 수는 없었다. 앞에 놓여진 바구니엔 찬바람이 넘나들었지만 사람이 오든 가든 개의치 않고 눈을 지그시 감은 채 연주에 몰두하는 그분의 모습은 이순신 장군 동상처럼 흔들림이 없었다.

그 즈음, 친구를 만날 일이 있으면 일부러 시청 앞으로 약속 장소를 잡았다. 친구와 헤어져 집으로 갈 땐 바로 앞에 있는 지하도를 놓아두고 한 블럭을 걸어 악사가 있는 지하도를 건넜다. 통로와 약간 꺾여지는 곳의 계단에 서면 정면으로 그분의 얼굴을 보지 않아도 음악을 들을 수 있었다. 바이올린의 우수어린 선율이 최루가스로 뒤덮여 있던 삭막한 도시의 어둠을 가르고 지하도를 통과하여 남대문을 휘돌아 내 가슴을 서늘하게 파고들면, 그만 알 수 없는 서러움이 밀려와 가슴이 턱턱 막히고 눈가에 물기가 서렸다. 지하도 벽에 등 기대고 서너 곡쯤 듣고 나면 돌아서는 발걸음이 허둥거려 몇 번이나 발을 헛디디기도 하였다.

때로는 그분이 안타깝게 여겨질 때도 있었다. 행인들의 취향과 적당히 타협하면 훨씬 수월하게 바구니를 채울 수 있을 터였다. 하지만 몇 시간이고 서서 연주한 대가가 고작 쌀 한 봉지 값이 못 된다 하더라도, 자신의 음악이 노점상들이 파는 싸구려 물건처럼 취급당하는 건 못 견뎌한 그분의 고집이 그 시절 유난히 돋보였다. 굳이 음악을 듣기 위해서가 아니라 그 모습을 확인하러 일부러 길을 돌아 그 지하도를 건너는지도 몰랐다.

모두가 두려움에 떨던 때였다. 정의로운 투지는 힘을 잃어 지하로 숨어들고, 그런 우리들의 모습을 비웃듯 거리의 악사는 눈을 감은 채 대로변이 아닌 지하도에서 고전음악만을 열심히 들려주었다. 가끔은 그분이 정말 돈을 벌기 위해 거리에 나섰을까 하는 의구심이 들기도 하였다. 사람이 많이 오가는 명동의 지하도가 지척에 있는데도 굳이 완전 무장한 전경들이 날마다 득시글대는 서울시 경찰청 바로 옆의 지하도에 자리를 잡은 까닭은 이런 의문을 갖게 하기에 충분했다.

음악을 듣고 돌아서며 그분은 어쩌면 시대의 진혼곡을 연주하고 있는지도 모른다는 생각이 들기도 했다. 사방이 차도로

에워싸인 채 서울 한복판에서 고립무원이 된 남대문의 참담한 형상 아래에서, 총을 든 초병이 출입구를 굳건히 지키고 있어 대낮에도 으시시한 시경을 지척에 두고, 사람의 통행이 뜸한 한적하고도 음습한 그 지하도에서 가끔 바이올린을 꺼내드는 그분의 심정이야 우리가 알 리 없건만 도둑이 제 발 저리듯 자꾸만 부끄러워지는 것이었다.

언제부터인가 그분이 보이지 않게 되고, 자연히 그곳을 지나는 일이 드물게 되면서 그 지하도와 거리의 악사는 내 기억에서 잊혀졌다. 그런데 오늘 불현듯 그분이 생각나면서 전경들이 철망차를 타고 질주하던 서울의 거리와 경찰의 블랙리스트에 올라 있던 운동권 친구의 유난히 까맣고 초롱초롱하던 눈빛이 한꺼번에 떠올랐다. 맨살로 한 시대를 통과하느라 상처투성이가 된 친구의 등뒤에 숨어 그 추운 시절을 무사히 건넜고, 지금은 말짱한 몸으로 살아가고 있는 지금의 내 모습이 맞은편에 앉은 동행의 술잔에 비추어졌다. 풍요와 자유가 거리의 휴지처럼 널려 있는 종로의 뒷골목에서, 지금의 번영을 당연한 듯 누리고 있는 비겁하고 남루한 내 영혼과 정면으로 맞닥뜨린 느낌이라니…….

누가 듣건 말건 끝끝내 자신의 음악만을 연주하던 옛날 거리의 악사가 가슴에 통증이 일도록 그리워졌다.

폐허의 미학

우리나라 역사 이래 가장 참혹한 동족상잔의 상흔이 아직도 생생한 철원에 갈 때마다 나도 모르게 긴장이 된다. 도롯가에 처진 줄에 간간이 묶여 있는 역삼각형의 붉은 깃발에 '지뢰밭'이라고 쓴 글씨를 볼 때, 혹은 민간인 통제구역이 많아 통행허가를 받아야 하고, 맑은 물이 가득 고여 있는 풍광 좋은 토교저수지에서 낚시를 하면 어디에서 총알이 날아올지 모른다는 경고문을 읽으면 전쟁의 와중에 있는 느낌이 드는 것이 사실이다.

그러나 무엇보다 철원의 역사를 상징적으로 보여주는 건축물이 있으니 다름 아닌 옛 노동당사다. 3층 건물이 외벽과 1층 내부의 벽만 남아 있고 지붕과 모든 시설이 파괴되어 말 그대로 폐허가 된 이 건물 앞에 서면 설명할 수 없는 복잡한 감정이 밀려든다. 6·25 당시 수많은 반공인사反共人士들이 취조를 받으며 온갖 고문을 당하고 죽임을 당하였던 곳. 벽에 총탄 자국이 사방에 남아 있고, 더러는 아래 윗층을 가로지르는 벽이 허물어져 손으로 툭 치면 금방이라도 우르르 무너져 내릴 것만 같은 노동당사는 살아 있는 역사 교과서인 셈이다.

이렇게 골조만 앙상하게 남은 건물의 무너진 벽 틈 사이마다 풀씨가 날아와 자리를 잡고, 벽돌이 빠져나간 구멍 속에 새가 둥지를 틀었다. 버려지고 파괴되어 더 이상 쓸모가 없어진 건물이 이들에겐 세상에서 가장 안락한 보금자리가 되어주고 있는 셈이다.

둥지를 들여다보노라니 문득 폴란드의 작가 마렉 플라스코가 지은 ≪제8요일≫이 떠오른다. 소설 속의 가난한 연인들은 폐허가 된 도시에서 사랑을 나눌 공간을 찾아 헤맨다. 그들이 원하는 곳은 다만 사방 벽이 둘러쳐진 곳이다. 둘만이 있을 수 있다면 그곳이 돌밭이라 한들 어떠랴. 사람들 눈을 피할 공간을 찾기 위해 황폐한 도시의 밤거리를 헤매는 그 연인들이 이 노동당사를 보았더라면 얼마나 반가워했을까. 비록 지붕이 날아가 하늘이 휑하니 뚫려 있고 군데군데 벽이 허물어져 바람이 마구 드나들지만 아마 세상에서 가장 아름다운 밤을 보낼 수 있었으리라. 그곳이 비록 고문당한 이들의 핏자국으로 얼룩진 곳이라 해도…….

인류의 역사상 이념을 추종하다 목숨을 잃은 사람들이 수도 없이 많지만 어떠한 이념도 목숨보다 귀할 수는 없다. 지상에 존재하지 않는 절망의 시간인 '제8요일'에 갇힌 그 연인들이나 온갖 상처투성이인 노동당사는 비무장지대를 코앞에 두고 고단한 삶을 살아가고 있는 우리네 모습일지도 모르는데, 붕괴된 공산주의의 상징물처럼 여겨지는 그 폐허 속에선 지금도 사랑이 이루어지고 생명이 움트고 있다.

문턱

결혼하여 미국으로 건너간 친구가 13년 만에 고국에 다니러 왔다. 반가운 친구를 맞이하느라 내 앞치마에선 바람이 일었다. 우리 집을 방문한 친구는 13년간의 공백을 일시에 만회하려는 듯 집안 구석구석을 돌아보며 그간의 내 삶의 흔적들을 찾아내려 애썼다. 안방에 들어가 책장을 살피며 나오다 문턱에 걸려 넘어질 뻔한 친구가 대뜸 하는 말,

"이 문턱은 꼭 있어야 하는 거니?"

나는 그곳에 문턱이 있다는 것을 그제서야 인식했다. 20년 가까이 아파트 생활을 해왔는데도 문턱에 대해선 한 번도 생각해 보지 않았던 것이다. 친구의 불평어린 말은 계속되었다.

"친정집에서 어쩌다 청소기 좀 밀어주려면 도대체 그 방문턱 때문에 번번히 청소기를 들어서 옮겨야 되더라. 한옥에선

필요할지 모르지만 아파트는 온통 내실인데 굳이 문턱을 놓아야 하는 까닭을 모르겠어. 생활방식이 바뀌었으면 생각도 합리적으로 바뀌어야 하는 것 아니냐구."

친구는 우리가 지탄하고 있는 사대주의에 물든 사람은 결코 아니었다. 끝없이 고국을, 친구를 그리워하며 한국의 생활양식을 잊지 못해 이번에 나와서도 우리 고유의 멋을 찾으러 다니는 데 대부분의 시간을 보냈다. 친구의 예리한 지적은 온고지신溫故知新 차원에서 나온 발언이었다. 동서東西 간의 문화적인 차이도 슬기롭게 극복해 나가며 물질만능주의 사회에서 한 걸음 비껴난 곳에 서서 정말 소중한 것이 무엇인지 알아내려 애쓰며 사는 친구였다.

막혔던 물꼬가 트이듯 13년의 시간을 단숨에 풀어제끼곤 친구는 돌아갔다. 나는 새삼 아파트를 휘휘 둘러보았다. 문이 달려 있는 곳엔 영낙없이 볼록하게 턱이 있었다. 하지만 나는 한 번도 그것을 불편하게 여겨본 적이 없었다. 청소기를 밀다 걸리면 당연한 듯이 들어 옮기면서도 스르르 미끄러지듯 굴러다니면 편하겠다는 생각조차 하지 않았다. 본래의 자리에 놓여있는 것이 주는 자연스러움. 몸에 배인 그런 의식 때문에 불편함을 느끼지 못한 것이다.

문턱은 문짝의 밑에 닿는 문지방의 윗머리를 뜻한다. 또한 어떤 일이 아주 가까이 왔음을 비유하여 이르는 말로 쓰이기도 한다. 흔히 우리는 자신의 뜻대로 상대하기 어려운 상황을 접할 때 '문턱이 높다.'라는 표현을 한다. '문턱이 닳도록 드나든다.'라는 말도 곧잘 쓴다. 즉 문턱은 안과 밖을 구분하는 경계선인 셈이다.

한옥에서의 문턱은 필수적인 것이었다. 문을 열면 바로 바깥이었기에 바람이나 먼지를 차단하기 위해 꼭 필요한 장치였던 셈이다. 어머니는 우리가 문지방에 걸터앉거나 밟고 다니는 것을 극도로 싫어하셨다. 누워 계신 아버지 머리 위로 지나다니는 것을 금기시 하셨듯 어머니는 문지방을 신성하게 여기셨던 것이다. 한 가족의 내밀한 이야기는 문지방을 넘지 않도록 단속하기도 하지만 완벽한 은닉은 기대하기 어렵다. 뚫어진 창호지 문틈으로 새어나오듯 비밀스런 말은 날개를 달고 새끼를 쳐서 온 동네를 돌아다닌다.

문턱이 아기들을 쉽게 마루로 나오지 못하게 하는 구실도 하지만 대개는 걸려 넘어지게 하고야 만다. 아기들이 세상에 태어나서 제일 처음 만나는 장애물인 것이다 그 장애물을 넘어서면 새로운 세상이 펼쳐지지만 그때부턴 예상치 못한 위험이 수도 없이 도사리고 있다. 방 안에 있으면 안전하게 보호받을 수 있는데도 아기는 높은 걸림돌을 넘어 더 넓은 세상으로 자꾸만 자꾸만 기어나간다. 그러다 마루에서 떨어져 울지 않은 우리 선조들이 있었던가.

문짝이 꼭 닫히도록 받침대 구실을 하기도 하지만 문턱은 사실 폐쇄적인 우리 사회를 상징하기도 한다. 혈연이나 지연地

緣, 학연學緣을 빼놓고는 우리 사회를 이야기할 수 없다. 처음 만나는 사람이라도 몇 마디 건네고 몇 다리 건너면 어떻게든 연결고리를 찾아낸다. 그리곤 금세 친밀감을 표시한다. 그러나 아무리 여기저기 헤집어보아도 인연 닿는 고리를 찾을 수 없으면 은연 중에 서먹해지고 만다. 어떤 경로를 통하든 일단 울타리를 넘어서면 동질감에 쉽게 마음을 터놓지만 문 밖에 있는 사람들에겐 상당히 배타적이다. 예전의 양반계급班常階級 역시 자신들의 영역에 아무나 쉽게 드나들지 못하게 만든 일종의 보호막이요 높디높은 문턱이었던 것이다.

생각해 보면 나도 참 많은 금줄을 걸어놓고 있는 셈이다. 그것이 스스로를 보호하기 위한 장치라기보다는 도피성이 농후하다는 데 문제가 있다. 아무나, 무엇이나 슬금슬금 내 안에 들어오지 못하도록 턱없이 문턱을 높게 만들어 놓는다. 사람을 만날 때도 일을 해나갈 때도 스스로 설정해 놓은 기준이 나를 힘들게 한다. 그래도 나는 그걸 탓하지 않는다. 몸에 배인 불편함은 이미 불편한 게 아니다. 처음부터 높았으니 당연하게 여긴다.

이제야 문턱의 문제점이 눈에 보인다. 무엇이 드나들어도 걸림이 없이 자유로운 상태. 그건 열린 마음을 뜻할 텐데 편견의 잣대와 다글다글 달라붙는 욕심을 버리면 내 안의 걸림돌이 사라지고 평지가 될까? 꽁꽁 쥐고 있던 까탈스런 고집과 교만을 풍선 놓듯 놓아버리면 방바닥과 마루가 수평을 이루어 바퀴가 매끄럽게 굴러갈 수 있을까?

하지만 아무리 내가 꿈꾸고 있는 것들이 현실을 초극한 거칠 것 없는 삶이라 해도 방 하나만큼은 문턱을 낮추고 싶지 않다. 내 영혼을 좀먹는 먼지 같은 사악한 모든 것들을 정면으로 막아내는 높디높은 경계석 하나쯤은 있어야 할 게 아닌가.

그 문턱은 바로 나의 율법이요 파수꾼인 셈이다.

아들의 손톱

곰같이 덩치 큰 아들이 아버지 앞에 손을 내밀고 있다. 아들보다 체구가 작은 남편이 허리를 구부리고 아들의 손톱을 깎아주고 있다. 그 옆에서 나는 대학생이 손톱 하나 제 손으로 못 깎냐고 아들에게 퉁박을 주고 있다. 지방에서 공부하고 있는 아들이 어쩌다 집에 오면 으레 되풀이되는 그림이다.

떨어져 있는 아들이 보고 싶고 아무리 소식이 궁금해도 직접 전화를 거는 적이 한 번도 없는 남편이다. 통화를 하다 슬쩍 남편에게 수화기를 넘길라치면 손사레를 치며 '됐다.'고 한다. 억지로라도 수화기를 귀에 대어주면 몇 마디 의례적인 안부만 묻고는 얼른 전화를 끊는다. 아들에게 살가운 정을 드러내는 것이 그렇게도 쑥스러운지 어찌 보면 참 답답하다.

수염 자국의 까실함이 좋다고 품에 안겨 얼굴을 만져대던 때가 엊그제 같은데 어느새 아버지보다 더 커 버렸다. 중학교에 다닐 때 제 방에 걸어놓은 가수의 사진이 삐딱하다고 망치 들고 바로잡아놓은 아버지를 은근히 비판한 〈아빠 앞에서는 나란히〉라는 글을 학교 신문에 발표하여 아이들에게는 대단한 호평을, 아버지에게는 서운함을 안겨주기도 했다. 사춘기였던 그때 자신들의 고민을 대변해주던 서태지의 노래를 참 좋아했던 아들은 그들의 파격적인 옷차림과 머리 색깔이 요란한 사진을 의도적으로 삐딱하게 걸어놓았는데 한 마디 상의도 없이 바로잡아 놓은 아버지가 제겐 이해되지 않았던가 보다. 아버지가 작업을 마칠 때까지 아무 말도 안 하더니 다음날 보니 서태지는 여전히 기우뚱하게 서서 세상을 바라보고 서 있었다.

고등학교 때부터 기숙사 생활을 하여 집을 떠나 있는 날이 많아졌다. 가족을 생각하게 만든 기회였을까? 어느 날인가 집에 오자마자 나를 전축 앞에 앉혀놓곤 노래 한 곡을 들려주었다. 어스름 저녁 나절이었고 집에는 아들과 나 둘뿐이었다. 한 청년의 가라앉은 목소리가 잔잔하게 흘러나왔다. 자라면서 아버지를 바라보는 시각이 달라지는 것을 가슴 아프게 표현한 노래였다. 어렸을 때는 아버지가 거인처럼 위대하게 보였는데 자기가 커갈수록 차츰 늙고 등이 굽어 초라한 아버지의 뒷모습을 바라보며 뜨거운 정을 깨닫게 된다는 노랫말이었다. 나는 그 노래를 들으며 아무 말도 하지 못했다. 가슴이 저려왔다. 어느새 이토록 자랐던가. 남편보다 훨씬 넓은 아들의 등에 가만히 얼굴을 대고 오랫동안 앉아 있었다. 아들의 등이 참으로 따뜻하다는 걸 그때 느꼈다.

하고 싶은 이야기를 노래를 통해 충분히 다하였던 아들은 고맙게도 착하게 자라주었다. 자기의 생활을 낱낱이 이야기해주어 나를 안심시킨다. 한두 달에 한 번씩 집에 오면 효도(?) 차원에서 내가 궁금하게 여기는 것들을 풀어주려 애쓴다. 그렇게 속 깊은 아들이 유독 손톱만큼은 기다란 채로 오는 것이다. 오랜만에 아들을 보는데도 남편은 '왔냐.'는 말만 마치면 곧바로 손톱 검사를 한다. 그리곤 손톱깎기를 들고 아들을 부른다. 민망해하는 척하면서도 아버지 앞으로 슬금슬금 다가앉는다. 가만히 보니 아들이 고등학교에 들어간 뒤로 그렇게 가깝게 다가앉은 적이 있었던가 싶다. 서로의 체온을 느끼고 정을 확인하는 방법이 좀 뭣하지만 그렇게 보기 싫은 그림은 아니다.

손가락을 하나하나 만지작거리며 남편은 아들에게 하고 싶은 말들이 살갗으로 전해지기를 바랐던 것은 아닐까? 톡톡 필요 없는 신체의 일부를 잘라주며 늘 정갈하게 살아가길 당부하는 것은 아니었는지. 가까이 있으면서도 가장 소홀하기 쉬운 가족을 챙기는 데 인색하지 말기를 당부하는 것도 그 시간이었고, 힘들어도 목표를 정해놓고 최선을 다하라는 격려의 말도 손톱을 깎아줄 때였다. 마주보고 정색을 하며 말하기 어려운 이야기들이 손톱 잘려나가듯 적당히 눈 내리뜨고 술술 풀려나오는 걸 보며 손톱깎기는 일종의 장치가 아닐까 짐작해본다. 숨결이 닿을 만큼 바투 앉아, 무뚝뚝한 부자父子는 서로에게 다가가는 통로를 묵시적으로 설치해 놓은 셈이다.

오늘도 아들은 손톱이 긴 채로 올라올 것이다. 우리들의 야유에 조금쯤 얼굴을 붉히며 밍그적 밍그적 아버지 앞에 다가앉을 것이다. 잘 드는 손톱깎기가 자기 서랍에 당당히 놓여 있어도 아버지의 지청구(?)가 그리워 집에 올 때쯤이면 언제까지라도 그냥 긴 손톱인 채로 고속버스를 탈 것이다. 아무리 아들이 커도 아버지의 울타리는 항상 그보다 더 크다는 걸 아들은 알고 있을까?

영어 선생님

내가 다닌 중학교는 다방면에서 매우 시대에 앞선 교육을 하였다. 대부분의 학교가 폐가식으로 운영되던 도서관을 34년 전에 이미 개가식으로 완전히 공개하여 마음대로 책을 볼 수 있도록 배려하고, 필독 도서는 개개인이 구입하기 힘들 것이라 생각하여 아예 학교에서 인쇄하여 학생들에게 나누어주고 독서록을 기록하게 하였다. 뿐만 아니라 반마다 각 나라의 민속무용을 하나씩 익히게 하였는데, 학기 초에 제비뽑기로 나라를 정할 때마다 서로 열정적인 춤의 나라인 스페인을 뽑으려고 신경전을 벌이기도 하였다.

수시로 다양한 행사를 기획하여 학교를 축제의 장으로 만들었는데, 그 중 가장 인기 있던 행사는 매주 월요일 시사 주간지인 타임지에서 영어단어 찾기를 하는 것이었다. 교무실 옆 게

시판에 타임지 한 장을 붙여 놓곤 표시해 놓은 단어를 찾아 뜻풀이와 함께 담당 선생님에게 제출하는 것이었는데, 5개에서 10개의 단어를 누가 먼저 찾는가가 이 행사의 관건이었다.

아마 전교에서 키가 가장 작았을 그 시절의 나는 더군다나 시력도 나빠 발뒤꿈치를 한껏 들어도 보일락 말락 높이 붙여 놓은 그 잡지에서 빨간 볼펜으로 그어놓은 깨알 같은 단어를 찾아내기란 결코 쉬운 일이 아니었다. 더군다나 제일 먼저 단어를 찾은 사람은 다른 이들이 헷갈리도록 엉뚱한 단어에도 빨간 줄을 그어놓아 문제의 단어를 제대로 찾아내는 것은 거의 불가능했다.

그러나 매주 월요일마다 영어 단어를 찾기 위한 노력을 포기할 수 없게 만든 까닭이 있었다. 그건 다름 아닌 영어단어 찾기 행사에서 뽑힌 사람에게 주는 상품이 초록빛 지갑이었다는 사실이다. 학교 마크가 선명히 찍힌 그 지갑은 모두가 갖고 싶어 할 만큼 예뻤다. 또한 그것은 자랑스런 징표였다. 월요일마다 조회가 열리는데 그때 호명되어 단상에 올라가 전교생이 보는 앞에서 교장선생님에게 지갑을 받는 영광까지 누릴 수 있는 것이었다.

나는 월요일마다 두꺼운 영어사전을 들고 교무실 앞을 서성거렸다. 집에서 학교까지 40분 정도 걸어서 가야 하는데 월요일엔 더 일찍 가려고 애먼 엄마만 들볶았다. 두꺼운 안경을 쓴 쬐끄만 아이가 한 손으로 들기에도 무거운 사전을 들고 월요일 새벽마다 교무실 앞을 서성거리고 있는 모습은 생각만 해도 웃음이 나지만 그때의 나는 심각했다. 어떻게든 한 번은 성공해야 했다.

그날도 예외 없이 서둘러 등교하였는데 어찌된 일인지 교무실 앞엔 아무도 없었다. 이게 웬일인가. 평소 같으면 선배들이 구름 떼같이 몰려들어 내가 설 자리가 없을 정도로 붐볐는데 혹시 요일을 착각했나? 아니 분명히 어제 일요일이었는데. 텅 빈 게시판 앞에 혼자 서서 당황해 하고 있는데 교무실 문이 열리는 소리가 났다. 아! 영어 선생님이 나오신다. 한 손에 예의 타임지를 들고.

선생님은 나를 보시더니

"꼬마 왔네. 네가 제일 먼저 왔구나."

하시곤 타임지를 압정으로 꽂아 놓으신 후 싱긋이 웃으셨다. 이게 웬 떡이냐 싶어 얼른 단어를 찾으려고 까치발로 서서 아무리 고개를 젖혀도 대체 보여야 말이지.

그때 내 몸이 허공에 붕 하니 들렸다. 깜짝 놀라 돌아보니 그 선생님이 나를 번쩍 들어 잡지 바로 앞에 대어 주시는 게 아닌가.

"꼬마야, 빨리 적어! 다른 친구들 오기 전에. 맨날 허탕치고 가는 것 다 봤단 말이다."

잠시 허둥대던 나는 용케 단어를 찾아 뜻풀이까지 확실하게 적어 그 선생님에게 제출하곤 유유히 교실로 돌아왔다.

그날 조회에선 그 선생님에게 호명되어 단상 위에 올라가 교장선생님으로부터 그토록 그리던 초록빛 지갑을 받았다. 단상에서 내려오다 선생님을 보니 미소를 지으신 채 아무도 몰래 살짝 한쪽 눈을 감으셨다.

그때 찾은 단어를 난 지금도 선명히 기억하고 있다.

'wisdom, courage, a bright future, a righteous war, the most likely student to succeed.'

선생님은 우리들 마음속에 새겨둘 만한 낱말을 고르시느라 일요일만 되면 타임지를 샅샅이 훑으셨을 것이다. 늘어지기 쉬운 월요일의 첫 시간을 일찌감치 등교하여 사전을 들고 교무실 앞을 와글거리게 만들었던 그 행사의 목적이 반드시 단어 몇 개 외우게 하기 위한 것만은 아니었으리라. 출근하시는 선생님께 함성을 지르며 인사하고, 선생님은 아는 학생들 이름을 부르며 응원해 주시는 그 정경이 얼마나 활기차고 아름다운 모습이었을까.

그날 이후로 난 뭔가를 이루려고 열심히 발버둥칠 때마다 누군가가 나를 번쩍 들어줄 거란 믿음을 아직도 잃지 않고 있다.

소리

언어가 생긴 이후부터 인류는 불행해지기 시작했다. 동물이나 식물처럼 단음절로 표현하거나 몸짓으로 자기 의사를 나타낼 땐 서로 간의 오해도 왜곡도 없었다. 갓난아기들이 울음소리만으로 자기가 원하는 모든 것을 엄마에게 전달할 수 있었듯이.

필요에 의해 만들어진 언어로 자신의 생각을 정교하게 묘사하기 시작하면서부터 사람들 가슴에 빈자리가 생겼다. 눈빛이나 몸짓만으로도 넉넉히 이해하였고 부족함이 없던 원시인들의 삶은 얼마나 투명하였을까. 갈수록 우아하고 세련된 말로 자신을 감추기에 급급한 현대인들은 본래의 자기 모습을 잃어버렸다. 양파처럼 싸고 또 싼 알맹이조차 결국 껍데기였다는 것을 모르고 자신들 스스로 헛된 말에 휩싸인다. 이렇게 된

원인은 바로 말[言語] 때문이다. 말을 하는 사람이나 듣는 사람이나 끊임없이 불신不信에 휘말린다.

제대로 전달되었을까?

그 말이 참말일까, 거짓일까?

얼마 전에 TV에서 〈어미새의 사랑〉이라는 프로를 방영하였다. 뻐꾸기가 오목눈이 둥지에 알을 낳았는데 그 알이 부화하는 과정에서부터 자라서 날아가는 모습까지 생생하게 잡아낸 수작秀作이었다. 인간의 잣대로 우리들은 그동안 뻐꾸기의 탁란을 신랄하게 비판하여 왔다. 그런데 그 프로를 보며 둥지를 짓지 못하는 뻐꾸기의 불행을 비로소 알게 되었다. 어떤 이유에서든 자신의 보금자리가 없기에 부득이 남의 둥지에 쏜살같이 알을 낳곤 근거리에서 알이 깨어나는 모든 과정을 낱낱이 지켜보는 뻐꾸기. 제 새끼가 아닌 것도 모르고 부지런히 먹이를 나르는 오목눈이. 더부살이 주제에 주인집 새끼들을 악착같이 둥지 밖으로 밀어내 떨어뜨리는 처절한 생존본능을 지닌 뻐꾸기 새끼. 미련할 정도로 뻐꾸기 새끼를 거두어 먹이는 오목눈이의 모성애도 감동적이지만 자기 새끼에게 끊임없이 어미의 음성을 각인시키려는 어미 뻐꾸기의 안타까운 울음소리도 가슴을 저리게 하였다.

결국 뻐꾸기는 어미새의 울음소리를 듣고 길러준 오목눈이를 버리고 날개 활짝 펴서 어미 새를 따라 날아간다. 자신이 누구인지 비로소 깨닫는 것이다. 태어나면서부터 자신의 울음소리를 새끼에게 각인시키려고 혼신을 다하는 뻐꾸기를 지켜보며 모성애는 모든 자연의 본성本性이라고 생각했다. 어미를 확인시키는 방법은 오직 단음절로 된 '소리' 뿐이었다. 구구절절 설명이 필요 없음을 증명시킨 셈이다.

그럼에도 우리는 끊임없이 말을 한다. 확인하고 또 확인한다. 이제는 말을 버려야 할 때가 아닌가. 서로 간의 간격을 넓혀 놓는 게 바로 말 때문이었다면 우리는 버릴 수 있을 만큼 말을 버려야 한다. 단 한 마디의 낱말이나 문장으로도 그 사람의 모든 것을 꿰뚫는 예지叡智를 갖출 수만 있다면 얼마나 좋을까.

나는 언제나 시원始原을 꿈꾼다. 원시인들의 삶의 형태를 동경한다. 감출 것이 없던 때, 감출 필요가 없던 때를 그리워한다. 문명의 발달과 인류의 행복이 반드시 정비례하지 않는다는 것을 진즉에 눈치챘다. 감동적이거나 감정이 극에 달할 때 우리는 단음절을 토해낸다. 그 한 마디 이상 무엇이 더 필요한가.

전설의 북 자명고나 명검名劍처럼 스스로 울려나오는 소리를 하나쯤 갖고 싶다. 생명을 가진 모든 만물이 각기 제 소리를 지니고 있을 터인데 지금의 우린 같은 부류의 소리만을 알아듣는다. 태초에 천지를 창조하실 때 하나님의 명하셨던 말씀은 바로 소리의 근원이 아니었을까? 만물을 관장하였던 소리가 사라진 혼돈의 시대에 우리는 살고 있다. 깊은 관심과 애정이 없으면 알아듣지 못할 소음 속에서 날마다 질식당하고 있는 것이다. 사람은 엄청 많은 데도 저마다 섬처럼 외로이 떠돌고 있다.

지음知音의 친구 하나 있어 이 황막한 세상을 늘 축축한 가슴으로 살아간다면 그 얼마나 복된 일이랴. 그런 아름다운 만남이 성큼성큼 내게 다가오리라는 기대는 온갖 소음에 지쳐 있는 나를 일으켜 세운다. 우주를 관통하는 생명의 소리가 내 안에서 저절로 울려나오도록 나를 포장하고 있는 모든 허물들을 미련 없이 벗어던지고 싶다.

제동장치

새끼발가락을 다쳤다. 무거운 물건을 들다 떨어뜨려 그렇게 된 것이다. 다행히 뼈에는 이상이 없었지만 한동안 꽤 고생을 하였다. 걷는 데 불편한 것쯤은 그런대로 견딜 만했다. 문제는 달리다가 멈추려할 때 마음먹은 곳에서 멈추어지질 않는 것이다. 그때서야 난 새끼발가락의 쓰임새를 알 수 있었다. 발의 균형을 위해 어쩌다 끝에 슬쩍 붙어 있는 것이 아니라 새끼발가락은 바로 몸의 제동장치 역할을 하는 것이었다.

몸에서 제일 멀리 떨어져 있으면서 가장 못생긴 새끼발가락은 있으나마나한 존재로 여겨왔다. 발의 형편은 아랑곳없이 모양 좋은 구두를 신고 다니느라 언제나 눌려 지내는 바람에 발톱마저 제 모양을 잃은 지 오래이다. 맨발을 보이는 걸 지독히도 부끄러워해 잘 때나 겨우 양말에서 해방되어 숨을 쉬는 나의 발. 햇빛 한 번 마음대로 쪼이지 못하고 평생을 그늘에서 배배 꼬여 자란 볼품없는 나무와 다를 바 없었다. 그런 발가락 하나쯤 없다고 무슨 대수랴 싶었다. 그런데 그게 아니었다.

동력을 이용한 모든 움직이는 것들은 언젠가는 멈추는 걸 전제로 만들어진다. 우리의 발을 대신하고 있는 자동차에서 가장 중요한 기능이 바로 제동장치인 셈이다. 아무리 성능 좋은 차라도 브레이크가 말을 듣지 않으면 사용할 수가 없다. 엄청 빠른 속도를 낼 수 있다고 큰소리치는 우주선도 제동장치에 결함이 있다면 영원히 우주를 떠도는 미아가 될 것이다. 언제든 멈출 수 있다는 확신이 있기에 마음놓고 가속페달을 밟는 것이다. 달릴 줄만 알고 멈추지 못한다면 그건 곧 죽음을 의미한다.

내리막길을 달리거나 과속을 하다 멈추려면 그만큼 제동거리가 길어진다. 안전거리가 유지되지 않았다면 앞차를 들이박는 수밖에 없다. 새끼발가락을 앓으면서 나는 교통수칙이 차를 몰 때에만 필요한 것이 아니라는 것을 느꼈다.

이제껏 살아오면서 나는 브레이크보다는 가속페달을 더 선호했다. 장애물이 없는 고속도로를 달릴 때의 그 통쾌함이라니……. 세상은 나를 향해 열려 있고, 갈 곳만 정해지면 언제든 단숨에 목적지까지 달려갈 수 있다는 턱없는 오만이 나를 사로잡은 적도 있었다. 그럴 때 제한속도를 지키며 달리는 사람들을 답답해하며 요령 좋게 추월하고 휘파람을 불었다. 나보다 더 성능 좋은 차를 몰고 유유히 나를 앞지르는 사람들을 못견뎌했다. 바로 내 앞에서 빨간불이 켜지는걸 운이 없다고 생각했다. 멈출 준비를 하라고 노란불이 들어오면 액셀러레이터를 더 세게 밟아 신호를 건너뛰곤 회심의 미소를 지었다. 빨간 불에 묶여 꼼짝 못하고 있는 뒤차를 백미러로 보며 고소해 한 적도 부지기수였다. 앞뒤 안 가리고 신나게 달려도 다음 신호등에선 신호를 착실히 지킨 차들과 결국 만나게 되는 것을. 그런데도 난 예사로 끼어들고 앞지르며 함께 달리는 차들을 위협했다. 그뿐인가. 내 앞에 끼어들지 못하도록 앞차 궁둥이에 바짝 차를 들이댄 적은 또 얼마나 많았던가. 틈새를 주지 않아 끼어들려는 차를 당황시킨 적이 한두 번이 아니다.

운전은 인격이라는 말이 있다. 그저 앞만 보고 빨리 달리는 게 최고인줄 알고 살아온 내게 그 말은 상당히 도전적이었다. 운전자에게 요구하는 인격은 결국 양보를 담보로 하는 것이다. 양보하는 사람에게 필요한 것은 브레이크다. 자신의 속도를 낮추어야 상대방에게 끼어들 틈을 줄 수 있다. 그런 배려를 하면서 가도 웬만한 거리는 5분 이상 늦지 않는다. 그 5분에 목숨 걸고 살아온 것이 지금 생각하니 우습기만 하다.

앞만 보고 무리하게 달려온 운동선수들은 결국 일찍 몸이 망가질 것이다. 무소불위의 권력을 휘두르며 진공청소기처럼 돈을 집어삼키던 정치인들은 작은 방 한 칸에 들어앉는 수모를 당했다. 히틀러의 광란의 질주를 맨몸으로 막으려 한 신학자

본 회퍼 같은 사람들이 그들의 주변에 있었다면 지금과 같은 국가적 수치를 미연에 방지할 수 있었을 것이다.

지난 30여 년간 잘사는 나라를 만들기 위해 밤낮없이 피땀 흘린 우리의 경제가 외환보유고의 부족으로 인하여 단 3주일 만에 와우아파트 무너지듯 주저앉고 말았다. 소비를 부추기던 이들과 한덩어리가 되어 물 쓰듯 돈을 풀어대던 이들은 지금 실업급여 창구를 기웃거리고 있다. 이러한 모든 일들이 방향을 제대로 잡았는지 때때로 멈추어서 살펴보는 것을 잊은 데서 비롯된 것은 아닐까?

자꾸만 욕심이 과해지면 나는 한 친구를 떠올린다. 남들이 다 제 살길 찾느라 정신없이 보낼 때에 그는 장애인을 위한 일에 모든 것을 걸었다. 그가 하는 일에 눈곱만큼 손을 빌려주어도 고마워하는 친구에게 나는 진심으로 감사함을 느낀다. 늘 세상에 빚진 마음으로 살고 있는 내게 갚을 기회를 제공해 주니 고마울밖에. 혼자서만 잘살겠다고 냅다 달려가는 내게 그 친구는 확실하게 제동을 걸어준다. 덕분에 나는 구제받을 여지가 조금쯤은 생긴다. 앞차를 들이박고 추락하는 위기에서 가까스로 벗어난다. 그는 나뿐만이 아니라 이기적이고 배금주의 사상에 절어 있는 이 사회에 꼭 필요한 제동장치다. 그런 친구가 내 곁에 있는 것이 늘 자랑스럽고 든든하다.

어느 정도 아문 발로 땅을 탕탕 굴러본다. 탄탄한 대지의 탄력이 기분 좋게 느껴진다. 새끼발가락에 지그시 힘을 준다.

자신의 존재를 확실하게 증명이라도 하듯 단단하게 오므라든다. 가끔씩 나는 못난 새끼발가락의 존재를 확인하러 힘차게 달려볼 것이다.

지휘자의 왼손

지휘자가 조명을 받으며 무대 위로 씩씩하게 걸어 나온다. 청중들에게 정중히 인사를 하곤 악단을 향해 돌아선다. 무대를 꽉 채운 단원들을 재빠르게 훑어본다. 80명이 넘는 단원들의 시선이 일제히 지휘자에게 가 꽂힌다. 이윽고 지휘자가 팔을 들어올린다. 잠시, 정적이 흐르고 팽팽한 긴장감이 연주회장을 휘감는다. 저 팔이 움직이는 순간부터 우리는 오늘 선택된 음악을 향해 교향악단과 함께 항해를 해야 한다. 순항이 될지 난항이 될지는 아무도 모른다.

음악회장을 찾은 나는 줄곧 지휘자의 뒷모습만을 바라본다. 어떤 표정으로 지휘를 하는지 몹시 궁금하지만 알 길이 없다. 두 팔이 말하는 걸 헤아리고 지켜볼 뿐이다. 점점 빠르게 음이 전개되는가 싶더니 광풍을 만난 듯 신들린 몸짓으로 지휘봉을 몰아친다. 단원과 청중들은 정신없이 요동치는 음률에 휩쓸려 혼이 빠진다. 차츰 바람이 잦아들고, 지휘봉은 미풍에 나부끼는 꽃잎처럼 부드럽고 섬세하게 선율을 고른다.

오늘따라 유난히 지휘봉보다 비어 있는 지휘자의 왼손에 마음을 빼앗긴다. 가야할 길을 명확히 짚어내어 빈틈없이 몰아가는 지휘봉은 딴눈 파는 행동을 용납하지 않는다. 콕콕 찍으면 지적받은 악기는 정확한 순간에 연주를 해야 한다. 두 팔을 있는 대로 휘두르면 호흡이 있는 한껏 관악기를 불어야 하고, 줄이 끊어지도록 온 힘을 다해 현을 긁어내려야 한다. 투정을 부리거나 엄살을 피울 수도 없다. 마음에 들지 않아도 악단 속에 자리잡으면 지휘자에게 무조건 복종해야 한다. 지휘봉을 든 지휘자는 독재자처럼 절대적인 권력을 가지고 있다. 지휘자의 곡 해석에 따라 같은 음악이라도 전혀 다른 음색을 드러낸다.

지휘봉이 이렇게 음의 골격을 세우는 거라면 지휘자의 왼손은 살을 입히고 맛을 내는 역할을 한다. 물론 해일을 일으키듯 지휘봉과 함께 솟구치기도 하지만 대부분 왼손은 음을 부드럽게 다스리는 역할을 한다. 모난 돌을 감싸듯 예리한 선율을 보듬는다. 부드럽게 음을 유인해내고 조용히 마무른다. 음 하나라도 놓칠세라 찬찬히 그러모아 본대에 합류시킨다. 그 모습이 마치 참빗으로 정갈하게 머리를 쓰다듬어 쪽을 지는 어머니의 손길 같다. 손가락 하나하나가 그토록 다양한 이야기를 하고 있는 걸 본 적이 있는가.

지휘하는 모습을 보며 음양의 조화란 저런 것이 아닐까 생각해본다. 직선과 곡선, 강직함과 부드러움. 어느 것이 더 비중 있다고 우기는 건 어리석다. 서로 다른 두 성질이 맞물려 이루어내는 아름다움을 우린 수없이 보아오질 않았는가. 빛은 아무리 먼 곳까지라도 곧게 나아가지만 우주의 운행은 모두 동그라미를 그린다. 곧게 뻗은 나무에 열린 열매들 역시 원형이다. 직립해 있는 인간들의 육신은 온통 부드러움에 휩싸여 있다. 손가락 끝조차도 둥글둥글하다. 이런 조화를 잘 이루어내는 지휘봉과 왼손.

한 번씩 요란하게 쳐대어 흥을 돋우는 심벌즈조차 지휘자의 왼손이 살그머니 오무라들면 귀청을 찢을 듯 울려대던 소리가 금세 은은한 울림으로 변한다. 낮은음자리표만 연주하던 악기들도 왼손이 정중하게 들어올리면 무대의 주인공이 된 듯 당당히 어깨를 편다. 언제나 악단의 맨 앞자리에 앉아 눈부신 조명을 받던 수석 바이올린 주자도 왼손이 가만가만 다독이면 아기처럼 유순히 잠들고 만다. 왼팔을 활짝 펼치면 음이 더욱 확산되고, 가슴께로 살며시 갖다 대면 공기 속으로 음이 사라지듯 고요해진다.

그러고 보니 세상을 호령하는 듯 보이던 지휘봉도 왼손이 없으면 대중없는 연설자에 불과하다는 걸 깨닫는다. 지금 우리나라가 이토록 혼미에 빠져든 건 저마다 지휘봉만 잡으려고 달려들기 때문인 건 아닌지.

어머니처럼 따뜻한 손길로 아픈 이마 만져주고, 넘어진 아이 일으키며, 못난 자식일지라도 함께 끌어안는 지휘자의 왼손을 나는 사랑한다. 지휘봉보다 더 많은 일을 해내는 왼손 같은 사람이 그립다. 사람의 마음을 움직이는 힘은 명령보다 배려하는 마음에서 나온다는 걸 깨닫게 된 음악회였다.

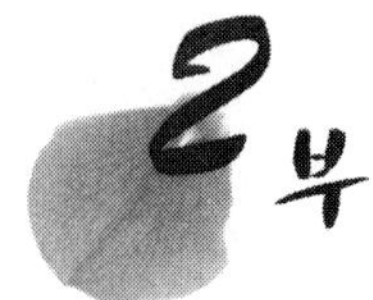

2부

소리로 빚은 청자

시위를 풀어놓고

춤인 듯 무술인 듯

시조창을 들으며

옹기를 찾아서

춤으로 우는 울음

기둥을 세운 뜻은

고사관수도高士觀水圖와 달마도

옥玉

소리로 빚은 청자

– 여창가곡, 하늘을 울리다

가을을 보내려면 아무래도 창덕궁이 제격입니다. 자연 그대로의 형세를 고스란히 살려 지은 창덕궁의 가을은 도심에서 가을의 정취를 만끽할 수 있는 몇 안 되는 곳입니다. 언제부턴가 가을의 끝자락은 늘 이곳에서 맞았습니다. 왼쪽으로 대조전을, 오른쪽엔 창경궁을 두고 약간 경사지게 휘어진 숲길을 따라가면 후원이 나타납니다. 부용지芙蓉池에 떨어진 단풍과 물에 어리는 주합루가 그려내는 풍광은 말로 표현할 수 없을 정도로 아름답습니다.

늦가을, 올해도 어김없이 정다운 이들과 찾은 창덕궁에선 뜻하지 않게 궁중음악회가 열리고 있었습니다. 운이 좋게도 창덕궁 창건 600주년을 기념하여 열린 음악회를 접하게 된 것입니다. 고전무용과 더불어 대금연주, 여창가곡의 공연을 창덕궁 인정전 앞에서 감상하리라곤 꿈에도 생각하지 못했기에 뜻밖의 선물에 가슴 떨리는 기분으로 감상하였습니다.

궁궐의 야외무대에서 보는 공연은 일반 무대와는 또 다른 감흥이 일었습니다. 기와지붕 아래에서 무희들이 춤을 출 때마다 전통의상에 입힌 금박 무늬가 햇살에 반짝여 마치 선계仙界인 듯 황홀하였습니다. 구름 한 점 없는 푸른 가을 하늘, 손가락으로 튕기면 탱! 하고 소리가 날 것만 같은 맑은 공기, 단풍이 무르익은 궁을 둘러싼 숲 그 모두가 오늘의 공연을 위한 장치처럼 여겨질 정도였습니다.

아름다운 춤사위도 혼을 빼놓기에 충분하였지만 정작 제 마음을 흔들어놓은 건 다름 아닌 여창가곡女唱歌曲이었습니다. 조선시대 사대부들이 즐겨 불렀던 가곡은 시조시時調詩에 가락을 얹어 부르는 것으로 호방하고 시원한 남성의 목을 위한 남창가곡男唱歌曲과 섬세하고 맑은 여성의 목을 위한 여창가곡女唱歌曲이 있습니다. 단정한 자세로 앉아 삼현육각三絃六角 반주에 맞춰 〈바람에 지동치듯〉이란 가곡을 부르는데 그 소리가 어찌나 청아하던지 사람의 소리가 아니라 피리에서 나는 것처럼 여겨질 정도였습니다. 한참 귀 기울여 듣고 있으려니 부르는 사람도 듣는 사람도 새털처럼 가벼워져 점차 공기 속으로 사라지는 듯하였습니다.

바람은 지동치듯 불고 궂은 비는 붓듯이 온다

눈 정에 거룬 님을 오늘밤 서로 만나자 허고
판첩쳐서 맹서를 받았더니
이 풍우 중에 제 어이 오리
진실로 오기 곧 요량이면 연분인가 하노라
– 가곡 〈바람은 지동치듯〉

그리움과 기다림이 간절히 배인 노랫말을 보면 감상적이며 슬픈 느낌의 계면조界面調로 불러야 할 듯싶은데 장중하고 당당한 느낌을 주는 우조羽調로 불러 의아하게 생각하였습니다. 하지만 마지막 구절의 연인에 대한 믿음을 보니 우조로 부른 까닭을 알겠습니다. 단단히 약속을 하였으니 아무리 비가 퍼부어도 임은 분명히 올 것이라고 믿고 있는 여인이 비탄에 잠길 리 없지요. 희망을 잃지 않는 노랫말을 음미하노라니 마치 구중궁궐에 살고 있는 궁녀들이 왕을 그리워하는 마음처럼 여겨집니다. 궁궐에서 듣는 이 가곡이 특별한 느낌을 주는 까닭이 여기에 기인한 듯합니다. 같은 노래도 장소에 따라 확연히 다른 느낌을 준다는 사실이 새삼스럽습니다.

한 번 궁에 들어오면 죽어서야 나갈 수 있었던 궁녀들의 애환이 아직도 전각 곳곳에, 회랑이나 돌담 사이사이에 스며 있을 것만 같은 창덕궁에서 한 여인이 확 트인 목소리로 노래를 부릅니다. 속이 텅 빈 대나무가 맑은 가락을 연주하듯 마음 속 온갖 상념 다 가라앉혀 토해내는 노래가 기와지붕을 넘어

회화나무 사이를 휘돌아 쪽빛 가을 하늘로 둥글게 둥글게 퍼져 나갑니다. 연정을 품은 여인은 자신의 심정을 땅에 알리고 하늘에 고하며 마치 기도하듯 노래를 합니다. 낮은 소리를 낼 때는 땅을 가르고, 높은 소리를 낼 때는 하늘을 엽니다. 우주 한가운데로 그리운 임에게 가는 길을 냅니다. 연인의 마음속에 길을 낼 수 있는 것은 오직 사랑이 가득 담긴 노래뿐입니다.

자연의 순리를 거스르지 않고 살아온 우리 조상들이 가꿔온 모든 예술이 그렇듯 가곡 역시 닫힌 공간에서 연주하는 것보다 야외에서 듣는 것이 훨씬 그 묘미를 느낄 수 있다는 것을 새삼 확인할 수 있었습니다. 바람이 불면 바람에 가락을 싣고, 낙엽이 지면 낙엽에 마음을 얹어 절절하고 애틋한 사연을 풀어놓으면서도 어딘지 모르게 꿋꿋한 기상을 느끼게 해 주는 '바람에 지동치듯'이 몇날 며칠 귀에 맴돌고 가슴에 남아 시도 때도 없이 울려나옵니다.

시조나 민요에 비해 예술성이 높은 가곡은 수리루 빚은 청자입니다. 희로애락이 모두 응축된 청잣빛 소리, 깊이를 알 수 없는 신비한 청자의 그 오묘한 빛깔은 오랜 세월동안 수많은 아픔을 견뎌내고 얻어낸 결과일 것입니다. 노래를 하느라 목이 붓고 잠기기를 수없이 하며 자신만의 독특한 음색을 찾아낸 창자唱者는 한 곡을 불러도 평생 살아온 세월을 담아 노래합니다. 때론 이슬처럼 맑게, 때론 우람하고 장중하게 그러면서도 손짓 한번 하지 않고 시종일관 단아한 자세로 노래를 부릅니다. 한 낱말을 길게 늘여 부르며 호흡 따라 음을 흔들고 때론 지르며 소리를 자유자재로 다루는 것 같지만, 잘 들어보면 엄격히 절제되어 있는 가곡, 오랜 수련 끝에 얻은 심연에서 솟아나는 소리에 무심히 젖어들면 이별의 아픔을 노래하든 태평성대를 기원하든 마음에 낀 속진이 조금씩 벗겨지는 느낌이 들어 새털처럼 가벼워졌는지도 모릅니다.

궁중음악회가 끝나고 모처럼 개방된 옥류천으로 가는 길, 깊어가는 창덕궁 가을빛이 영롱합니다. 계곡물이 작은 폭포를 이루고 있는 이곳에 바위를 파서 샘을 만들고, 포석정처럼 둥글게 휘돌아 흐르게 하여 왕과 신하들이 흐르는 물에 술잔을 띄우고 시를 지으며 곡수연曲水宴을 즐겼다는 풍류가 깃든 장소입니다. 그때 부른 노래가 바로 가곡이 아니었을까요? 곱게 물든 단풍잎이 술잔 대신 흐르고 있는 옥류천에 조금 전에 들었던 가곡이 따라와 같이 흐르고 있었습니다.

시위를 풀어놓고

– 國弓場에서 활을 만나다

하늘과 땅 사이에 화살 하나가 박혔습니다. 그 순간 혼돈이 사라지면서 우주가 열리고 빛과 어둠이 갈라졌습니다. 화살은 단단한 대지를 딛고 하늘을 떠받치는 기둥이 되었습니다. 무한한 상승과 끝없는 추락의 상징인 화살은 우주가 멸망하지 않는 한 영원토록 그렇게 버티고 있어야 할 것입니다.

화살이 우는 소리를 들어보셨나요? 일명 명적鳴鏑 혹은 효시嚆矢라고 부르는데 시위를 떠난 화살이 큰 소리를 내며 날아가는 데서 '우는 살'이라는 별호를 얻게 된 것이지요. 명적은 화살 끝에 나무로 만든 속이 빈 깍지를 달아 붙여 만드는데 옛날 중국에서 개전開戰의 신호로 '우는 살'을 먼저 쏘았답니다. 이런 연유로 '효시嚆矢'란 낱말이 사물이 비롯된 '맨 처음'을 비유하여 이르는 말로 쓰이게 된 것이 아닐까 짐작해봅니다.

화친을 청하는 외국사신에게 시위를 느슨하게 풀어놓은 활을 선물로 주었다는 옛이야기도 있습니다. 시위를 풀어놓으면 활을 쏠 수가 없지요. 전쟁을 하지 않겠다는 뜻을 그렇게 전달했던 것입니다.

가까운 곳에 수락정이라는 국궁장이 있습니다. 수락산이 병풍처럼 둘러싼 그곳에 멋진 활터가 자리하고 있어 활을 쏘는 사람들이 날마다 찾아옵니다. 틈날 때마다 그곳에 들러 활 쏘는 모습을 구경합니다. 사대射臺에 선 궁사가 호흡을 가다듬을 때면 나 역시 저절로 그들과 호흡을 함께하게 됩니다. 바람마저 잠재우듯 정적이 감돌고 이윽고 하늘을 향해 활을 들어올리다 이내 과녁을 겨냥하곤 숨을 멈춥니다. 오늬에 화살을 걸고 한껏 시위를 당긴 모습에서 팽팽한 긴장감을 느낍니다. 깍지 낀 손에서 시위가 벗어나는가 싶은데 이미 화살은 보이지 않습니다. 활을 쏘고 난 뒤엔 화살이 박힐 때까지 동작을 거두지 않습니다. 그 몇 초의 순간이 때론 영겁처럼 느껴질 때도 있습니다.

'들판 아침 볏잎에 맺힌 이슬이 첨단尖端에 모여 그 물방울이 땅에 떨어지고 그 찰나 볏잎은 반동적反動的으로 복원하는 그 볏잎의 형태인 것이다.'

옛사람들이 활 쏘는 순간의 모습을 표현한 것입니다. 이슬

방울의 무게로 반동하는 그 세밀한 움직임처럼 화살을 놓는다니 가히 신궁의 경지가 아닐는지요. 엄지에 낀 깍지를 벗어난 화살은 이미 궁사의 몫이 아닙니다. 바람에 의해 화살의 방향이 움직이기도 하겠지만 그보다 궁사의 마음결 따라 곧게 날아가기도 하고 흔들리다가 추락하기도 하는 것이 바로 화살입니다. 활을 힘껏 밀고, 시위를 팽팽히 당겨야 하는 활쏘기는 바로 밀고 당기는 그 역학의 절묘한 순간에서 이루어지는 행위입니다. 한껏 벌어진 활과 시위 그 작은 공간 속에 우주를 움직이는 힘이 담겨 있습니다.

활을 쥔 줌손은 태산을 밀 듯 묵묵히 밀고, 시위를 당기는 깍지 손은 호랑이 꼬리를 떨치듯이 날쌔고 연삽하게 빼어야 한다는데 그게 어디 말처럼 쉽던가요. 자칫 잡념이 일어날 때 살을 내보내면 엉뚱한 곳으로 날아갑니다. 화살 끝에 달려 있는 깃털 하나라도 떨어져나가면 꼬리치는 살이 되기도 하지요. 미세한 균형의 깨짐이 엄청난 결과를 초래합니다. 활을 쏘기 전에 마음을 다스리는 일이 무엇보다 중요한 까닭이 여기에 있는 것입니다.

활 쏘는 걸 지켜보노라니 잘 쏘는 궁사도 과녁을 벗어나는 경우가 많더군요. 비껴난 화살은 어디에 떨어졌을까요. 찾을 수 있는 것도 있지만 행적이 아리송한 화살도 많습니다. 그동안 수없이 날린 화살은 때론 나무에 박혀 옹이가 되기도 하고, 땅속 깊숙이 박혀 응어리가 되기도 하였을 것입니다. 한 번

박힌 화살은 상처가 되어 쉽게 아물지 않습니다. 더러 잊기도 하지만 두고두고 아픈 기억으로 남아 있는 경우도 많습니다.

몇날 며칠 활터 주변에서 서성거리고 있는 내게 사두射頭(사정射亭을 관리하고 대표하는 우두머리) 한 분이 친히 가르쳐주겠다고 나섭니다. 활을 쏘기 위한 기본자세는 제대로 서는 것부터 시작합니다. 발은 정正자도 팔八자도 아닌 모양으로 벌려 서되 과녁의 좌우 아래 끝을 바로 향하고 몸 전체의 중량이 앞과 뒤의 두 발에 고루 실리도록 해야 한답니다. 이것이 비정비팔非正非八의 자세라는데, 배에 힘을 주고 바른 자세로 서 있는 것이 생각보다 어렵습니다. 과녁을 마주 하고 서니 갑자기 겁이 덜컥 납니다. 활쏘기를 배우기 이전에 그동안 마음으로 수도 없이 날린 내 화살을 찾는 일부터 해야 하지 않을까요. 혹여 '우는 살'을 날린 적은 없는지…….

연습하라고 내어준 활을 슬그머니 놓고 돌아섭니다. 나 역시 지금 누군가 쏜 화살에 맞아 비틀거리고 있는 중입니다. 하늘과 땅 사이에 박힌 화살을 빼내고 싶습니다. 늘 박혀 있기만 한 굴레에서 이젠 해방시켜 주고 싶습니다. 빼낸 화살을 눕히고 세상에서 가장 편안한 자세로 그 곁에 눕고 싶습니다. 물동이에 활을 쏘아 맞힌 후 그 화살로 구멍을 막는 경지에 다다른 신궁을 찾아 꿈길로 나서볼 참입니다. 그런 사람을 만나면 언제라도 기꺼이 화살을 맞을 것입니다.

춤인 듯 무술인 듯

– 택견, 그 우아한 몸짓에 반하다

어렸을 때 내가 살던 동네에선 가끔 이상한 싸움이 벌어지곤 하였습니다. 가마니 몇 장 깔아놓곤 마주 선 두 사람이 서로 을러대듯 빙글빙글 돌다가 어느 순간 공중으로 솟구쳐 상대방을 발로 탁 치기도 하고, 다리를 걸어 넘어뜨리기도 하면서 겨루는데, 빙 둘러선 사람들은 함께 소리도 지르고 탄성도 지아내며 한바탕 신명을 내는 것이었습니다. 아이들은 어른들 틈 사이로 들여다보다 앞뒤로 흔들흔들하는 팔 동작을 서로 흉내내며 깔깔거리기도 하였습니다. 지금 생각해보니 그것이 바로 택견이었던 것입니다.

놀잇감이 별로 없던 당시엔 시장 한귀퉁이 빈 공간에 가마니가 펼쳐지면 사람들 얼굴에 아연 활기가 돌았습니다. 슬금슬금 모여든 사람들끼리 자연스레 편을 짜 가마니 위로 윷을

던지기도 하고, 맞상대할 사람이 나타나면 씨름판이 벌어지기도 하였습니다. 어쩌다 택견하는 사람들이 눈에 띄면 서로 부추겨 겨루기를 시키던 어른들의 짓궂은 표정과 떠들썩한 웃음소리는 유쾌한 시간을 알리는 서곡이었습니다. 어른들 주변을 맴돌며 걸쭉한 농담과 익살을 듣는 것만으로도 아이들은 절로 흥겨워지곤 하였지요.

택견 시합을 하다 한쪽이 균형을 잃고 넘어지면 대개 시합이 끝나는데, 그래도 계속 덤비는 사람이 있으면 구경꾼들은 손바닥 짚으라고 소리를 지릅니다. 아마 그것이 패배를 인정하는 신호였던가 봅니다. 시합이 끝나면 언제 그랬냐는 듯 승자와 패자가 함께 어우러져 술잔을 주고받으며 한바탕 신나게 뒤풀이를 합니다. 판이 무르익으면 막걸리와 안주가 여기저기서 추렴되고, 부침개라도 한 점 얻어먹으면 입이 함박만 해졌지요. 아, 그 시절 함께 뛰어놀던 아이들은 지금 다 어디로 갔을까요.

우리 민족이 예로부터 택견을 즐겨하였음을 보여주는 증거는 생활 속에 깊숙이 자리하고 있는 말을 통해 알 수 있습니다. 예를 들면 '본때 보이기', '대접', '딴죽 걸기'와 같은 말이 그렇습니다. 겨루기 전에 각자 자신의 장기를 보여주는 것을 '본때 보이기'라고 하는데 상대방의 기선을 제압하는 의미도 있고, 구경꾼들에게 즐거움을 주기 위한 것이기도 합니다. '대접待接'이라는 말도 그렇습니다. 다른 무술은 일정한 거리를 두고 서서 공격할 틈을 노리는 것이 상례인데, 택견은 특이하게도 상대방이 공격하기 쉽도록 서로 닿을 만큼 가까운 지점에 한쪽 발을 내밉니다. 고수가 먼저 하수의 정강이를 차 주어 한 번의 공격 기회를 주는 것이지요. 이렇게 하는 것을 '대접'이라고 하는데, 음식을 차려 손님을 대접하듯이 상대방에게 유리한 기회를 제공하는 것입니다. 서로가 서로에게 예를 갖추고 배려하는 그 모습이 택견이 지닌 미덕이 아닐까요. '딴죽 걸다.'는 말도 발기술을 주로 사용하는 택견에서 공격할 때 상대방의 다리를 걸어 넘어뜨리는 데서 유래된 듯합니다.

택견은 분명 무술의 일종인데 발이나 팔의 움직임이 부드럽고 우아합니다. 그래서 굳이 무예武藝라고 부르는지도 모릅니다. 앞으로 나가는 척하다 뒤로 물러서며 대련하는 상대방과 호흡을 맞춰 돌아가는 모습이 마치 태극 모양처럼 둥글둥글합니다. 한 사람이 나아가면 상대방은 물러서고, 물러선 사람이 나아가면 마주 한 사람은 절로 물러서는 모습이 마치 춤을 추는 듯합니다.

그러다 어느 한순간 상대방의 허를 찌르는 공격을 하더라도 날카로운 직선의 동작이 아니라 휘돌아 치는 곡선으로 공격하기에 상대방에게 심한 상해를 입히지 않습니다. 발끝이나 주먹처럼 모난 부위보다는 손바닥이나 발바닥같이 충격이 덜한 부위를 사용하여 공격하는 것을 보더라도 승부에 앞서 상대방에 대한 배려를 우선시한다는 것을 알 수 있습니다.

다리를 굽혔다 폈다 굼실굼실, 활처럼 몸을 휘게 하여 탄력있게 능청능청, 온몸이 율동적으로 우쭐우쭐, 몸을 가라앉혔다 일으켜 세우며 으쓱으쓱. 경직된 몸을 자연스레 풀면서 힘을 조절하여 세상을 흔들고 나를 흔듭니다. 추슬러 모은 기운을 화산처럼 뿜어내어 허공을 가르고 광풍을 일으켜 삿된 기운 멀리멀리 쫓아냅니다. 긴장과 이완의 절묘한 조화를 통해 솟구치는 열정은 호랑이도 잠재우고 맙니다.

힘의 분배와 절제는 특히 무술인들이 꼭 지녀야할 덕목이지요. 진정 강한 것은 부드러움에서 나옵니다. 처음 운동을 할 때는 근육이 무쇠처럼 단단해지고 동작도 위협적이지만, 경지에 이르면 몸과 마음이 모두 부드러워진다고 합니다. 힘을 쓰지 않고도 상대방을 제압하는 것이 진정한 고수라 했던가요.

무술보다는 놀이에 가까운 택견의 그 유연한 동작 속에 내재된 강한 힘을 느껴보고 싶다면 자, 이제 따라해 볼까요? 품品자 형태로 발을 옮겨 디디며 능청능청, 굼실굼실. 저고리 소매 너울대며 우쭐우쭐, 으쓱으쓱.

시조창을 들으며

이웃 아파트 단지에 가깝게 지내는 친구가 있어 가끔씩 차를 마시러 간다. 그곳을 오가는 길은 숲을 끼고 배 밭이 나지막하게 조성되어 있어 산책하기에 아주 좋은 곳이다. 특히 5월이면 배꽃이 하얗게 피어나 서울에도 이런 곳이 있나 할 정도로 환상적인 아름다움을 보여준다. 호젓한 산책로를 거니는 즐거움도 있지만 정작 내가 그 아파트에 가고 싶은 진짜 이유는 다른 데 있다.

처음 그곳을 방문했을 때 나는 참 어리둥절했었다. 친구의 집을 찾아 벨을 누르고 잠시 기다리고 있는데 어디선가 시조창을 하는 소리가 들려오는 것이었다. 소리가 제법 유장悠長하게 들려 한참 동안 귀를 기울였다. 소리가 예사롭지 않았다. 밖으로 한참 고개를 빼고 소리 나는 곳을 찾아보니 건너편 동棟에서 울려나오고 있었다.

빨리 들어오라고 재촉하는 친구를 만류하고는 복도에 서서 시조창 한 대목이 끝날 때까지 기다렸다. 지은 지 좀 오래되어서 동과 동 사이가 멀찍하니 떨어져 있는 아파트였는데 노인이 시조창하는 소리가 이토록 커다랗게 울려오는 게 신기하기만 했다. 꽤 시간이 흘렀는데도 시조창은 좀체 끝날 줄을 몰랐다. 친구의 말에 의하면 거의 매일 이맘때쯤이면 노인의 시조창이 아파트 단지를 휘돈다고 했다. 가족들이 다 제 일터로 떠나고 집안일도 어느 정도 마칠 즈음 차 한 잔 준비하며 오전의 한가로움을 누릴 때 문득 들려오는 시조 가락은 이곳이 아파트임을 잊게 한다고 했다.

그날은 '동창이 밝았느냐 노고지리 우지진다.'로 시작되는 평시조를 창唱으로 읊었는데 소리의 높낮이를 자유자재로 구사하였다. 시조창은 이상하게도 사람의 마음을 끌어당기는 힘이 있었다. 그냥 입으로 달달 순식간에 시조 한 편을 외워치우는 우리의 경망스러움을 탓하기라도 하듯 노인은 한없이 마디마디를 늘였다.

그날 이후로 내 귓가에서 시조 가락이 맴돌았다. 틈만 나면 친구에게 들렀다. 일부러 그 시간에 맞추어 가선 밖에서 한참씩 소리를 듣고는 했다. '동차~~~ㅇ이…….' 하고 있는 한껏 호흡을 길게 뽑아내는 능력이 참으로 놀라웠다. 그분이 한 음절을 시작할 때 나도 따라 호흡을 멈추어보았다. 금세 숨이

가빠서 참을 수가 없었다. 내가 숨을 쉬고 난 뒤에도 그분은 오래도록 음을 끌며 호흡을 늘여나갔다. 노인의 호흡기관은 애초부터 우리와 다르게 생긴 건 아닐까 생각될 정도였다. 때로는 처연하게 때로는 바위라도 밀어 올릴 듯 힘차게 부르는 시조 가락은 아파트를 감싸고 있는 수락산을 굽이굽이 돌고 온 바람처럼 주위를 온통 청정하게 만드는 것이었다.

소리가 매혹적인 저음低音은 아니었다. 노인의 음색이라고는 믿어지지 않을 정도로 맑고 청아했다. 낮은 음을 낼 땐 부드럽게 바닥을 훑어나가다가도 갑자기 높은 음으로 뛰어오를 땐 무게가 느껴지지 않을 정도로 가볍게 사뿐히 날아올라 구름처럼 유유히 소리를 흘려보냈다. 한 음절을 부르는 데도 오르락 내리락 부드러운 곡선을 그리듯 마음대로 음音을 가지고 놀았다. 처음엔 흔들림 없이 음을 길게 뻗어내다 다음 음으로 이어질 땐 슬쩍 흘리기도 하고, 끝부분에선 음을 흔들어 한 마디를 부르는 데도 변화무쌍한 소리를 내는 게 신기하기만 했다.

가만히 시조창을 듣다 보면 몸속 첩첩이 구불구불 접혀 있는 내장들이 풍선에 바람 들어가듯 가닥가닥 펼쳐지는 느낌이 들곤 한다. 시조 가락은 늘 바쁜 일상에 쫓기어 살아가는 나를 산등성이의 마당바위나 바닷가 넓은 모래밭으로 훌쩍 데려다 놓는다. 짧은 시간이지만 나는 시간도 거슬러 올라가고 처해 있는 어려움도 까맣게 잊어버린다. 한껏 늘여놓은 음절처럼 느슨해진 신경줄에서 숨쉴 공간을 찾아낸다. 이처럼 한 박자

늦추며 살아도 좋으리라.

몇 번을 들어보니 그분이 즐겨 하는 시조는 거의 정해져 있는 듯싶었다. '태산이 높다 하되'나 '청산리 벽계수야'와 같이 우리에게도 익숙한 시조를 불러서 가락은 다소 낯설어도 노랫말을 아니 금세 감정이 동화되었다. 사이사이에 장구소리가 들리지 않는 걸 보니 손에 쥘부채라도 쥐고 장단을 맞추는 것일까. 아니면 손으로 가볍게 무릎을 치며 저렇듯 느릿느릿 음길을 잡아나가고 있는 것일까.

어려서부터 서양 음악에 익숙해져 있어 느리고 발성법이 다른 시조창을 처음 대할 땐 답답하고 지루하게 여겨지기도 했다. 그러나 차츰 익숙해지니 맑고 씩씩하면서도 굳센 남성적인 멋을 느낄 수 있는 게 바로 시조창이라는 생각이 들었다.

예전에는 선비들이 경치 좋고 시원한 정자에 둘러앉아 풍류를 즐길 땐 으레 돌아가며 시조를 읊었다. 마음만 먹으면 그 자리에서 시조 한 수쯤은 거뜬히 지었던 선비들. 그 시절에 시조는 사람들의 생활 속에서 살아 숨쉬는 노래였다. 모든 것이 소재가 되었다. 자연을 찬미하거나 사람이 살아가는 이야기, 애절한 그리움이나 별리의 아픔들이 모두 시조로 녹아나왔다. 은근하면서도 절절한 우리 민족의 정서가 구수하게 배어 있는 시조를 나는 참 늦게야 만난 것이다.

판소리는 약간 거칠고 쉰 듯한 목소리가 제격이지만 시조는 맑고 깨끗한 소리가 어울린다. 그러면서도 힘이 느껴진다. 이토록 멋진 가락이 우리에게 있었는데도 그동안 모르고 지내온 것이 부끄러웠다.

노래를 워낙 좋아해 가곡이나 가요 때론 오페라 아리아나 칸타타까지 부를 줄 알면서 정작 우리의 민요나 시조창 한 곡 제대로 부를 수 없다는 사실을 어떻게 설명해야 하나. 구성진 노랫가락이나 흥겨운 사물놀이 연주를 들을 때 저절로 어깨가 들썩이는 것을 보면 나는 우리나라 사람임이 분명할터. 왈츠나 발레의 기본 동작은 흉내낼 줄 알면서 우리 고유의 멋들어진 춤사위 하나 익히지 못한 채 이 땅에서 50여 년 살아온 것을 설명할 길이 없다. 잘못된 교육으로 인해 아무리 서양 문화에 익숙해졌다 한들 눅진한 우리 정서를 잊을 수가 있나. 핏줄 속을 흐르는 전통 가락의 선율이 나도 모르게 어깨춤으로 흘러나오는 것을.

아직도 나는 그 노인을 뵌 적이 없다. 그저 소리로만 만날 뿐이다. 그분은 은연 중에 나에게 우리 것을 찾아내는 훈련을 시키고 있는 셈이다. 조금씩 귀가 열려간다. 어느 날 귀동냥으로 배운 시조창 한 소절이라도 능청스럽게 부를 수 있을 때 난 용기내어 그분의 집을 두드릴 것이다.

옹기를 찾아서

지난 봄날. 한 옹기장이를 찾아 나섰습니다. 그가 쓴 〈흙으로부터의 여행〉이란 짧은 글을 읽고 그를 만나고 싶었습니다. 초행길이라 묻고 또 물어가며 국토의 절반쯤 되는 거리를 달려 그의 집에 당도하니 마당 가득 놓여 있는 옹기들이 주인보다 먼저 인사를 건넵니다. 햇볕을 마음껏 쬐고 있는 옹기들이 환하게 웃고 있는 것처럼 보여 나도 모르게 미소가 떠오릅니다. 다양한 종류의 크고 작은 옹기들이 모여 있는 걸 보며 '옹기종기'의 어원이 이런 모습에서 연유된 것은 아닐까 짐작해 봅니다.

검정 고무신을 신은 옹기장이는 깊은 산사에서 만난 스님처럼 표정이 맑습니다. 이리저리 구경하다 애써 심어놓은 야생화를 밟아도 "살 놈은 그래도 살아요." 하고, 어쭙잖은 사진을 찍느라 마당에 널어 말리고 있는 옹기뚜껑을 깨뜨려도 "흔히 그럴 수 있는 일이지요."하며 담담하게 말합니다. 속으로는 마음 아플 게 뻔한 데도 태평스런 표정입니다.

세상을 알고 싶어 다니던 좋은 직장 그만두고 엿장수를 하며 이곳저곳을 떠돌다 옹기 굽는 할아버지를 만났고, 그것이 인연이 되어 옹기장이가 되었다는 그는 가스 불 대신 장작을 피워야 하는 전통 가마를 고수합니다. 옹기 역시 전통의 방식대로 빚어 잿물에 담가 잘 말린 후 구워내지요.

백기완 선생이 말하길 옹기의 조건은 우선 가득 차 보여야 하고, 놓일 자리에 놓여야 하며, 보기만 해도 침이 고여야 한답니다. 그게 어디 옹기에만 해당되는 말일까요. 옹기의 질박한 아름다움과 뛰어난 효용성에 대해 한참 이야기를 듣다 보니 그가 말하는 게 아니라 커다란 항아리에서 소리가 울려나오는 것만 같습니다.

모래나 부엽토 등 잡다한 성분이 섞인 질흙으로 빚은 옹기는 그 안에 담긴 음식들이 숨을 쉬게 해줍니다. 질흙에 모래가 적당히 섞여 있으면 물은 새지 않고, 공기가 드나들 틈을 만들어주지요. '적당히'라는 말은 참으로 애매하고 추상적입니다. 경험을 통해서만이 얻을 수 있는 것이 바로 '적당히'라는 계량지수입니다. 적당히 반죽하고, 적당히 두드려 흙 속에 있는 공기를 빼고, 적당한 온도로 굽고…….

옹기는 그 모양과 쓰임새에 따라 다양한 이름을 가지고 있습니다. 밥무랑, 사개무랑, 오개무랑, 댕구, 띠배기, 짝 단지, 궁팅이, 알배기, 토끼단지 등이 있고, 더러 아랫녘에서 독그릇 뚜껑으로도 쓰는 옹배기, 설거지통으로도 쓰고 목간통으로도 쓰는 소래기, 자배기, 물을 담는 물두멍, 꽃준뱅이, 젓갈을 담는 새우젓독, 곤쟁이젓통, 밥 담아먹는 오목아리, 장종지로 쓰는 종재기, 깍쟁이, 반찬 담아 먹는 알뚝배기, 국 담아 먹는 국투가리, 나물 무쳐 먹는 푼주, 옴박지, 조배기, 투가리 모양으로 옹배기만하여 밑쪽을 마주 붙이고 꼭지를 달아 소주를 내리는 소줏고리 등 헤아릴 수 없이 많습니다,

옹기의 이름처럼 빚는 과정에서 사용하는 말도 순우리말입니다. 이런 말은 옹기장이가 하는 말을 직접 들어봐야 제 맛이 납니다.

"흙을 물을 줘가면서 간을 맞춰 한곳에 대려 붙여 감투처럼 생긴 뚝메로 쳐 고작대미를 만들어 하룻밤 정도 재우지요. 고작대미를 양낫처럼 생긴 깨끼라는 연장으로 삼겹살 고기 썰듯이 착착 얇게 저며 내며 검부러기, 잔돌 같은 것을 골라내는데 이걸 초벌대리, 첫깨기라 합니다. 다시 대려 붙여 두벌깨끼, 되깨기를 하구서 독막 바닥에다 죽 깔구서는 풀이 나게 꽂매질을 한 뒤 그걸 다시 일으켜 세워 옆매질을 하구서는 나무가래로 들어 나를 수 있는 크기로 자르는데 이걸 질장이라 하지요."

정성껏 옹기를 빚지만 혼을 담는다는 생각은 해 본 적이 없답니다. 자연스러운 일상을 통해 만들어지는 옹기를 사랑할

뿐이지요. 그는 옹기에 익살과 해학을 담아냅니다. 찻잔의 밑바닥을 만져보라더군요. 가운데 부분이 약간 오목하였는데 여성의 성기를 슬쩍 흉내낸 것이라 질찻잔이라는 이름을 붙였답니다. 간장을 담는 옹기는 태아를 잉태한 임산부의 배처럼 배불뚝이고, 뚜껑은 젖무덤처럼 도도록합니다. 손으로 무심히 그어놓은 문양은 파도가 되기도 하고 난초가 되기도 합니다.

그는 옹기선이 바로 우리의 손안에 있다고 말합니다. 가운데를 비우고 두 손을 둥그스름하게 합장하면 만들어지는 선, 그것이 바로 우리가 흔히 볼 수 있는 옹기의 선이 된 것이지요. 옹기는 수천 년 동안 우리의 생활과 함께 손안에서 다듬어져 왔기 때문에 자연스레 형성된 선이라는 것입니다.

도자기는 위에서 아래로 감상을 하는데 비해 옹기는 아래에서부터 위로 올라가며 봐야 선의 흐름을 제대로 느낄 수 있습니다. 옹기 내부에서 용솟음쳐 올라가는 힘이 머무는 곳에 전 혹은 숙이라고 하는 옹기의 입구 부분이 있습니다. 약간 도톰하게 입구를 마무리하는 것이 옹기의 특징인데 옹기 두 개의 전을 맞물려 놓으면 영락없이 입술 모양입니다.

영구적으로 사용할 수 있고, 깨지면 그대로 자연으로 돌아가는 옹기. 전통적인 모양에서부터 현대적 미감을 살린 다양한 옹기들 사이에서 하룻밤을 머물다 돌아오는 내게 그는 찻잔과 작은 옹기 화분을 선물로 주었습니다. 많고 많은 옹기 중에 하필 화분을 준 연유가 무엇일까 곰곰 생각하다 그곳 들판에 가득한 애기똥풀을 보았습니다. 아, 생명을 품는 옹기! 내가 밟은 야생화는 어쩌면 다시 살아나지 못할 수도 있습니다. 차에서 내려 그곳의 흙을 화분 가득 담았습니다. 흙 속에 그곳의 풀씨가 섞여 있을지도 모르지요. 맨 흙을 담아놓고 기다리고 있는 중입니다. 어떤 풀이 싹트는지…….

춤으로 우는 울음

– 살풀이춤

군사정권 시절, 이 땅의 젊은이들은 목숨을 걸고 민주화 운동에 앞장을 섰습니다. 민주화는 피를 먹고 자란다고 했던가요. 시위를 진압하는 최루탄 파편에 맞아서 혹은 고문을 당한 끝에 꽃다운 나이에 생을 접은 이들이 한둘이 아니었습니다. 위수령과 계엄령으로 국민들을 옴짝달싹 못하게 막아놓아 숨도 크게 쉬지 못하고, 말도 함부로 할 수 없었던 시절이었습니다. 언론은 철저한 검열 끝에 보도될 수 있었고, 국민들은 신문에 실린 기사의 행간 속에 숨겨진 뜻을 헤아리느라 머리를 짜내고 있을 때, 채 피지도 못하고 참담하게 스러진 영혼을 떠나보내는 노제가 열리는 거리에선 살풀이춤 공연이 펼쳐지곤 하였습니다. 춤으로도 저항을 할 수 있음을 그때 알았습니다.

살얼음판을 걷듯 하루하루를 날마다 위기상황 속에서 살아가던 때였기에 억울한 죽음을 마음놓고 슬퍼할 수도 없었습니다. 서로 눈치만 보고 가슴만 치고 있을 때 홀연 한 무용수가 거리에서 춤판을 벌였습니다. 최루탄에 맞아 죽은 이한열 군의 장례식장에서 흰 무명 치마저고리에 흰 수건을 들고 통곡을 하듯 추던 이애주 교수의 한풀이춤은 수만 마디 말보다 더 절통하였고 호소력이 있었습니다. 비탄에 잠긴 군중 속에서 하늘로 날아갈 듯 땅으로 꺼질 듯 맨발로 춤을 추던 그 모습은 온몸으로 광풍을 막아내듯 그렇게 당당하고 또 서러웠습니다. 억울한 죽음을 당한 젊은이와 그걸 지켜볼 수밖에 없었던 이 땅의 가여운 국민들을 위로하고, 한을 달래주려 혼신을 다해 추는 한풀이춤은 차마 울지 못하고 시커멓게 타들어간 우리들 속내를 속속들이 헤집었습니다. 스스로를 제물로 바치기라도 하듯 푸른 불꽃을 뿜어내며 추던 그때의 한풀이춤을 생각하면 지금도 가슴에 통증이 입니다.

버선도 신지 않고 맨발로 달려나가 아들을 맞아들이듯 춤꾼은 화장도 하지 않은 맨 얼굴로, 묶지 않고 풀어헤친 머리 모양새로, 명주옷 대신 무명옷 차림으로 이 땅의 어머니가 되어 춤을 추었습니다. 손에 쥔 수건으로 눈물을 닦아주고, 피도 닦아주며 기존의 춤사위를 거부한 채 7월의 뜨거운 뙤약볕 아래에서 그렇게 한 시대의 고통을 온몸으로 보여주었습니다. 그 진혼무鎭魂舞를 길안내 삼아 이승을 떠난 영혼은 세상의 모든 짐 다 내려놓고 훨훨 나비처럼 날아갈 수 있었을 것입니다.

원래 한을 풀어내고, 흉살을 몰아내는 한풀이춤 혹은 살풀이춤은 굿판에서 즉흥적으로 펼쳐지던 허튼춤이었는데, 차츰 전문적인 춤꾼에 의해 예술성이 높은 춤으로 다듬어졌습니다. 무대에서 공연되는 살풀이춤은 우리 춤사위의 절정인 정중동靜中動을 절묘하게 조화시킨 기막히게 아름다운 춤입니다.

우리나라 민속무용의 정점에 있다는 살풀이춤을 볼 때처럼 무용수와 하나가 되는 적이 또 있을까요. 한 발자국 떼어놓는 순간이 영겁이라도 되는 듯 느린 가락에 맞춰 천천히 몸을 움직일 때부터 관객은 이미 무장해제 상태가 됩니다. 전쟁 같은 삶을 살아내느라 관절 마디마디가 굳어 한 발자국도 내딛지 못할 때, 자신만의 해방구를 찾아가듯 살풀이춤 속으로 숨어듭니다. 아무한테도 하지 못한 내 안에 꼭꼭 숨어 있던 설움 겨운 이야기들이 마음껏 터져 나오도록 단단히 조인 허리띠를 풀어놓습니다. 춤꾼은 이런 관객들의 마음을 하나로 그러모아 지극히 절제된 춤사위 속에 버무려넣고 한바탕 춤을 춥니다. 수건을 들어올려 휘감아 돌리고, 벼락 치듯 허공에 뿌려대다가도 어느 순간 툭 땅에 떨어뜨려 무릎 꿇고 두 손으로 받쳐 드는 동작 하나하나가 어쩌면 그리도 숨막히게 아름다운지요. 나아갈 듯 멈추고, 멈추는 듯하다가도 어느 결에 한 마리 새처럼 저만치 날아가는 춤사위를 보고 있노라면 희로애락으로 점철된 우리네 인생사가 한바탕 춤판인 듯 여겨져 그만 잔뜩 짊어지고 있던 짐 다 팽개쳐두고 무대 위로 뛰어올라 너울너울 함께 춤을 추고 싶어집니다. 수건으로 맺고 푸는 동작이 반복되면서 차츰차츰 내면 깊숙이 서리서리 서려 있는 한을 끄집어내는 살풀이춤을 보노라면 다른 춤에서는 볼 수 없는 묘한 대리만족을 느낍니다.

화려한 의상이나 무대장치 하나 없이 간결한 게 특징인 살풀이춤은 관객들의 시선이 오로지 춤꾼에게만 집중되기에 섬세한 춤사위 하나하나가 고스란히 관객에게 전달됩니다. 느리디 느린 진양조로 시작하여 자진모리, 휘모리장단에 맞춰 마디마디 맺힌 한을 명주수건에 감아올려 멀리멀리 세상 밖으로 던져버리면 막혀 있던 명치가 뚫려 새털처럼 가볍게 새로운 땅을 밟습니다. 살풀이춤을 제대로 감상하면 앙금 하나 남지 않은 정결한 마음이 되는 것을 경험하게 됩니다.

오래전에 어린 아들을 잃은 친지가 벌인 굿판에 참석한 적이 있습니다. 아들의 영혼을 불러온 무녀는 이승에서 어미와 못다 한 정을 나누느라 밤을 꼬박 새웠습니다. 칭얼거리고 응석부리다 때론 원망도 하며 그렇게 어미를 울고 웃게 만들더니 아침이 되자 목소리도 낭랑하게 어미와 이별을 하는 것이었습니다. 가는 이도 보내는 이도 한결 마음 가벼워진 듯했습니다. 슬픔에 절어 있던 친지가 굿판을 마친 후 이젠 숨을 쉴 수 있겠다고 하는 이야기를 들으며 무녀의 역할이 때로는 유능한 정신과 의사보다 백 배는 더 효과적일 수 있겠다는 생각을 하였습니다.

맺힌 거 없이 살아갈 수만 있다면 참으로 다행한 일이겠지만 인간사가 어디 뜻대로 되던가요. 요즘도 가끔 돌부리에 부딪칠 땐 격랑의 시대를 무명옷 차림으로 맞서온 춤꾼이 그리워집니다. 다시는 거리에서 위령제를 지낼 일이 없어야겠지만 다소 거친 듯한 춤사위로 서민들과 함께 호흡하던 그가 모두의 안녕을 위해 한 번쯤 걸판지게 춤판을 벌인다면 비록 몸치일망정 수건 한 장 손에 들고 허튼 춤이라도 추어볼 것입니다.

기둥을 세운 뜻은

사람이 하늘을 떠받치고 있는 기둥이라고 정의한 사람은 다름 아닌 신라시대의 원효였다. 자루 없는 도끼 하나만 주면 하늘을 떠받칠 기둥을 만들겠다고 요석공주를 향한 노래를 지어 부르며 저잣거리를 돌아다녔던 원효는 그 당시 사회를 지배하고 있던 불교적 질서나 도덕률에 구애받지 않았던 자유로운 영혼 그 자체였다.

이집트를 여행하는 내내 뜬금없이 원효를 떠올린 것은 고대 이집트 문화가 바로 기둥에서부터 시작된 것은 아닐까 하는 생각이 들었기 때문이다.

이집트의 신전神殿은 온통 기둥 숲이었다. 세계에서 가장 오래되고 가장 큰 신전이라는 카르낙 신전뿐만 아니라 하트셉수트 신전 등 룩소에 있는 모든 신전에는 예외 없이 돌기둥들이 즐비하다. 특히 카르낙 신전에는 커다란 돌기둥 130여 개가 촘촘히 서 있어 장관을 이룬다. 기둥 사이로 햇빛이 들어와 비치면 알 수 없는 신령한 기운으로 가득 차 있는 듯하다.

기원전 3~4세기경에 세운 이 기둥들은 모두 배흘림기둥이다. 지붕의 무게를 견디기 위하여 고안해낸 배흘림기둥이 오래전 이집트에도 있었다는 사실이 놀랍기만 하다. 뿐만 아니라 기둥의 귀두를 장식한 모양이 차츰 변형되어가는 것으로 서양의 건축 양식을 분류하기도 하니 문화사적으로도 매우 중요한 의미를 지니고 있는 셈이다.

지붕을 떠받치기 위해 필요한 기둥이 고대 이집트인들에게는 하늘과 교통하기를 바라는 마음에서 세워진 것은 아니었을까 하는 생각이 든 것은 피라미드를 보고 나서였다. 이음새에 접착물질을 전혀 쓰지 않고 네모난 돌을 서로 어긋나게 놓아 거대한 피라미드를 쌓아올렸던 것 역시 보다 가까이 하늘에 닿고 싶은 바람으로 만들어진 것으로 여겨졌기 때문이다. 스스로를 신으로 자처하며 자신을 숭배하라고 강요하였던 그 시대의 왕들이 현세의 삶을 사후를 위한 준비 과정으로 인식하였음을 피라미드만 보아도 알 수 있다. 왕위에 오르자마자 착수하는 것이 바로 자신의 무덤을 만드는 일이었고, 완성하지 못하고 죽음을 맞이하면 미완성인 채로 묻어버리는 것이 당시의 관습이었다니 어떻게 보면 평생을 죽음을 위해 살아갔다고 보아도 과언이 아닐 것이다.

하늘을 찌를 듯 솟아 있는 오벨리스크 역시 돌기둥에 다름 아니다. 바늘처럼 끝이 뾰족한 오벨리스크를 보면 바벨탑이 떠오른다. 높이 더 높이 하늘에 닿고자 했던, 급기야는 스스로 하늘이 되고자 했던 고대인들의 갈망은 결국 신의 분노를 사고 말았다. 신전 곳곳에 무너진 돌기둥들이 무수히 널려 있는데 마치 허물어진 바벨탑을 보듯 듯하다. 인간이 만든 것은 결국 이토록 허망하게 사라진다는 것을 모를 리가 없었을 텐데 그들은 왜 그토록 기둥을 세우는 데 집착을 하였던 것일까.

기둥을 세우고 또 세우며, 돌기둥에 신이 파라오를 축복하는 글을 새기고 또 새기며 위안을 얻고자 했던 그들은 결국 죽음의 공포에서 헤어나지 못한 것은 아닐까 짐작해본다. 그들이 세운 기둥이, 그들이 쌓아올린 피라미드가 부적이나 신표처럼 자신들을 지켜줄 것이라고 믿었는지도 모른다.

두 사람이 한껏 팔을 벌려도 안을 수 없는 거대한 돌기둥에 내 작은 몸을 기대곤 왕의 이름을 상징하는 문자를 가만히 손으로 쓸어본다. 아무리 거대한 돌로 만든 기둥일지라도 하늘을 떠받칠 수는 없는 것을. 우주 안에 존재하는 무수한 생명체 중 이 작디작은 인간이야말로 하늘과 땅 사이를 이어주는 기둥이라는 것을 천 년 전의 원효가 일깨워주질 않았던가.

이집트에 가서 나는 원효를 새롭게 만나고 돌아왔다.

고사관수도高士觀水圖와 달마도

인연이란 사람과의 관계에서만 통용되는 것은 아니다. 영혼을 감전시킬 만한 한 점의 그림을 만나는 것도 특별한 인연이 있어야 가능할 것이다.

지난가을 내내 나는 두 점의 그림하고 동거하였다. 비록 진품을 소장하고 있는 것은 아니었지만 컴퓨터를 켜면 언제나 그 두 점의 그림을 먼저 볼 수 있도록 해 놓았기 때문에 날마다 마주하며 살고 있는 것이다.

오원 장승업의 예술혼을 다룬 임권택 감독의 영화 〈취화선〉을 보다가 하나의 단어를 듣는 순간 나는 뒤통수를 강하게 얻어맞는 충격을 느꼈다. 사대부들이 오원의 그림을 놓고 감탄사를 연발하는 가운데 튀어나온 낱말인 '기운생동氣韻生動'이 바로 그것이다. 그 낱말은 영화를 보고 나와서도 한동안 뇌리에서 사라지지 않았다.

중국의 남북조시대에 활동했던 남제의 화가요 최고의 비평가로 알려진 사혁이 작품들을 대상으로 비평 기준의 잣대인 '화육법畵六法'을 제시하였는데, 그 중에서 제일로 쳤다는 '기운생동'하는 작품은 대체 어떤 그림을 말하는가. 기운이란 우주 만물을 살아 움직이게 만드는 힘일진대, 고정된 화면에 그려진 그림 한 점에서 그러한 느낌을 받을 수 있다면…….

그날로부터 그림을 찾아 나섰다. 서권기書卷氣 문자향文字香을 입에 달고 다니던 조선시대 사대부들을 감탄하게 만들었던 그런 그림을 나도 만나고 싶었다. 하지만 오래되어 누렇게 변한 비단이나 종이에 그려진 그림을 보면서 시간적 거리감 때문인지 좀체 감동이 전해지지 않았다.

그러다 우연히 도서관에서 화집을 보다 강희안과 김명국의 그림을 만나게 된 것이다. 너무나 유명하여 전에도 여러 번 본 적이 있는 〈고사관수도〉와 〈달마도〉. 모양을 버리고 정신을 취하며 작품 안에 도도히 흐르고 있는 기운생동을 표현한 작품이 바로 이런 것이 아니겠는가.

계유정난의 살벌하고 참담한 시대를 살아온 강희안이 죽음에 임박하여 7년 동안 들지 않던 붓을 들어 홀연히 그려낸 작품이 〈고사관수도〉라 하였다. 일찍이 그림 그리는 것을 만물의 이치를 깨닫는 도구라고 일갈했던 강희안이고 보면 이 그림은 그가 도달한 경지를 고스란히 드러내고 있다고 봐야 할 것이다. 바위나 풀, 나무, 물이 등장하지만 세밀하게 묘사되어 있지 않다. 선비 또한 간명한 필치로 그려놓았다. 단지 자연경관만을 보여주려 함이 아니라는 것을 단박에 알 수 있다. 바위에 턱을 괸 선비의 몸은 경직된 부분이 전혀 없다. 온몸의 힘을 다 빼고 흐르는 강물을 무심히 들여다보고 있는 모습은 바위처럼 그대로 자연의 일부분이다. 그림을 보는 이들은 그러한 선비의 형상을 통해 강희안이 도달한 무위의 세계에 함께 빠져든다.

가장 약하면서 생명을 존재하게 하는 가장 강한 힘을 지닌 물이 아니던가. 빈 곳을 채우며 낮은 곳으로 흘러 바다에 이르는 물의 여정처럼, 세상의 온갖 일들 역시 결국은 하나로 합하여지는 과정에 다름 아니라는 사실을 〈고사관수도〉는 여실히 보여주고 있다. 여울목을 만나면 휘돌아나갈지언정 끊어짐이 없는 물의 속성은 곧 강희안이 깨달은 만물의 이치이고, 평생 추구하던 완덕完德의 경지인 도道를 상징하는 것이다.

일필휘지의 참모습을 보여준 김명국의 〈달마도〉는 설명이 필요 없을 정도로 호방한 그림이다. 먹의 농담濃淡이나 붓놀림의 강약强弱, 거칠고 섬세한 붓 자국, 옷을 그릴 때의 대담한 생략과 예리한 통찰을 느끼게 하는 눈빛. 이 모든 것이 묘한 조화를 이루어낸다. 달마가 응시하는 세계는 사바세계가 결코 아닐 것이다. 그의 눈은 내면을 깊숙이 응시하면서 동시에 이상理想의 세계를 향하고 있는 듯 보인다. 선종화를 즐겨 그린

김명국은 손끝에서 나오는 그림을 거부하고 그의 정신이 감응하는 시점에서 터져나오는 열정을 화폭에 담아낸 것이다. 화가의 내면에 이미 그림은 완성되어 있다. 붓은 다만 그 형상을 그려낼 뿐. 그러기에 달마의 형상을 하고 있지만 우리는 달마의 얼굴에 눈길이 머물지는 않는다. 달마가 바라보고 있는 세계로 함께 끌려 들어간다.

예전에 사군자를 배울 때 스승이 한 말씀이 생각난다.

"난을 칠 때 중간에 숨을 쉬지 말아라. 한 호흡으로 마무리해라. 붓은 그리는 이의 호흡을 따라가는 것이다. 붓에 세월을 실어라."

난 잎 하나 치는 데 몇 초면 되는 것을, 세월을 실어 그리라니……. 그 당시엔 이해할 수 없는 선문답 같던 스승의 말씀을 이젠 알 것도 같다. 강희안은 〈고사관수도〉를 그리는 데 일생을 실어 붓을 움직였을 것이고, 김명국은 오관五官을 열어 체득한 통찰과 직관을 통해 평생 달마가 지향했던 세계를 포착해내었을 것이다. 우리의 눈은 그림을 보지만 우리의 마음은 화가가 도달한 세계를 접하는 것이다. 그것이 바로 동양예술정신의 정점에 있는 '모양을 빌어 정신을 묘사'한 이형사신以形寫神의 드높은 경지이고, 그런 그림을 가능하게 한 화가의 예술혼이 기운 생동한 작품을 낳게 한 것이다.

'만물의 본질을 형용하는 데 좋은 도구일 뿐인 그림'을 통하여 자신을 완성해나간 강희안이나 달마를 통해 신禪의 경지를 넘나든 김명국의 자유로운 정신세계는 그들이 남긴 그림을 통해 시공을 뛰어넘어 지금 내 앞에 바다처럼 우주처럼 도도히 펼쳐지고 있다. 우주와 인간의 본성에 대한 근원적인 깨달음을 통해 인간과 인간, 인간과 자연 간의 조화를 추구하였던 우리의 위대한 예술가들은 이미 그들이 도달하고자 했던 도道의 경지에 훌쩍 들어서고 있음을 두 편의 그림을 통해 보여주고 있는 것이다.

오늘도 두 점의 작품을 찬찬히 들여다본다. 시공간을 초월하여 여전히 기운 생동함을 보여주는 그림들을 보며 자꾸만 글을 쓰는 손에 힘이 빠진다.

옥玉

옥으로 만든 공예품을 선물로 받았다. 엷은 녹빛을 띤 작은 새가 날개를 살풋 접고 있는 모양이 마치 어미새 곁에라도 있는 듯 평화로워 보이는 공예품이다. 평소에 옥에 대해 상당한 관심을 갖고는 있었지만 정작 그 흔한 옥가락지 하나 지니고 있지 않았다. 몇 푼 주고 쉽게 내 것으로 만들기에는 옥에 대한 내 마음이 예사롭지 않았기 때문이다. 멀리서 바라보며 저 혼자 그리워하기만 하였다. 어느 날 각별한 의미를 얹어 내게 다가오길 설레는 마음으로 기다리던 중이었다. 그런데 예상치도 않게 언제라도 날아오를 것만 같은 새의 모습으로 옥은 내게 다가온 것이다. 소망을 깃털 속에 살며시 감추고 가벼이 날아와 안존한 모습으로 내 책장 안에 자리를 잡았다. 그 새를 볼 때마다 청아한 옥구슬 소리가 울려나오는 것만 같다.

처음으로 옥을 만난 것은 어릴 적 아버지 마고자 단추를 만지작거리며 놀던 때였다. 집에선 늘 한복을 입으셨던 아버지의 무릎을 베고 누우면 이마 위에 옥으로 만든 마고자 단추가 대롱거렸다. 반쯤 옷 속에 몸을 숨긴 두 개의 단추를 손에 쥐고 흔들면 맑은 소리가 났다. 그건 마치 아버지의 가슴에서 울려 나오는 소리처럼 은은한 울림이 있었다. 일 때문에 집을 비우는 일이 많았던 아버지를 모처럼 차지할 수 있는 기회가 오면 나는 늘 아버지의 무릎에 누워 풀 먹인 옷에서 나는 상긋한 냄새와 함께 또르락거리는 그 소리를 즐겼다. 작은 손안에 두 개의 옥단추가 가득 잡혔다. 옥단추를 만지작거리며 멀게만 느껴지던 아버지의 실체를 확인한 셈이었다.

한참을 쥐고 있으면 딱딱하고 차가운 느낌이 사라지고 부드럽고 온화한 느낌이 드는 것은 예전의 옥단추나 지금의 옥으로 된 새나 마찬가지다. 분명 광물질인데도 생명이 있는 것처럼 체온이 전해져온다. 속에 있는 결이 겉에서도 보일 정도로 투명하다. 그런데도 오래오래 들여다보면 깊이를 알 수 없는 심연 속으로 끌려 들어감을 느낀다. 하늘과 바다 빛을 그대로 닮은 옥빛이 볼수록 신비하다.

지난 여름 딸과 함께 경주에 다녀왔다. 선조들의 고결한 예술정신을 곳곳에서 느끼며 돌아다니다 불국사 미술관에 들렀을 때였다. 딸은 가느다란 옥반지를 골라 들고 내 눈치를 살폈다. 불국사에 온 기념으로 옥반지를 선물로 받은 딸은 37도를 오르내리는 뜨거운 날씨에도 아랑곳하지 않고 종일 싱글거리며 경주 구석구석을 따라다녔다. 아이들의 생각은 얼마나 참신한지. 손에 끼인 옥반지를 자꾸만 들여다보던 딸이 경주 박물관에서 도자기를 둘러보다 갑자기 이런 말을 하는 게 아닌가.

"혹시 고려청자를 처음 만들어낸 사람은 옥빛을 재현해내고 싶어한 것 아닐까요? 고려청자나 옥의 비색秘色을 보니 그런 생각이 들어요."

딸의 말을 듣고 도자기를 구워내던 선조들의 마음을 헤아리느라 청자 앞에서 오래 머물렀다.

그렇게 애지중지하며 끼고 다니던 옥반지를 딸은 지방에 근무하는 아빠의 방에 놓아두고 서울로 왔다. 마치 제 마음 한자락 남겨두고 오듯이. 내가 옥단추를 달그락거리며 아버지를 느꼈듯 남편도 조그맣고 동그란 반지를 보며 딸의 사랑스런 모습을 떠올릴까?

옥은 오래전부터 사람들 곁에 있어 왔다. 삿된 소리를 막아준다며 옥귀걸이를 하고, 심장을 보호한다고 가슴에 옥단추를 달아맨 우리 조상들. 만지면 덕을 쌓을 수 있다고 믿어 군자들이 귀중하게 다루어왔던 옥. 강한 에너지를 많이 가지고 있어 영혼까지 부활시킨다는 전설을 지니고 있으며 심지어는 몸의 기능을 강화시킨다며 가루내어 먹기까지 했던 옥이었다. 그랬기에 옥은 남다른 대접을 받아온 것이었다. 남을 높이는 말에도 옥玉 자를 많이 쓴다. '옥고玉稿, 옥동자玉童子, 옥례玉體, 옥좌玉座…….'감히 임금 왕王 자를 거느리고 있는 옥은 독특한 기품을 지니고 있다.

수없이 갈고 닦아 은은한 윤기를 발하는 옥을 가만히 들여다보고 있으면 마음이 차분히 가라앉는다. 뭐니뭐니해도 옥이 지닌 멋스러움은 그것이 서로 부딪쳐 내는 소리에 있다. 고운 목소리를 은쟁반에 옥구슬 굴러가는 듯하다고 표현하지만 옥구슬끼리 서로 부딪쳐내는 소리에 비할까. 손안에 쥐고 흔들어도 먼 데서 울리는 듯한 아득한 소리가 난다. 여운이 있다. 신묘한 빛깔에 매혹되고, 매끈하면서도 온화한 감촉에 마음을 앗기며, 맑은 소리에 사로잡혀 옥에 대한 나의 짝사랑은 멈출 줄을 모른다.

옥의 또 다른 이름인 비취는 물총새의 날개 색에서 비롯되었다고 한다. 내게 날아온 옥으로 된 새는 조그만 물총새가 아닐까. 원식原石에서 물총새루 태어나는 순간 비로소 제 이름을 되찾을 수 있었던 기이한 운명을 안고 우리 가족이 된 새는 오래도록 내 곁을 지킬 것이다. 날마다 고운 부리 열어 내 잠을 깨우고, 둔한 나의 펜을 뾰족이 갈게 할 것이다. 주저앉고 싶은 마음 채근하여 날개를 퍼득이게 만들 것이다.

가만히 새를 응시한다. 빛깔처럼 맑은 기운이 내게 천천히 흘러든다.

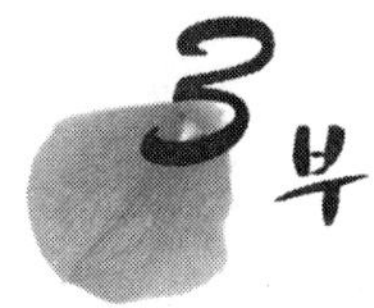
3부

밤의 숲

나무는 밤이 되면 사랑을 한다.

태양이 눈부신 한낮에는 숨죽이고 있다가 산에 올랐던 모든 이들이 돌아가면 그제서야 기지개를 켜며 몸을 푼다. 그리곤 조용하고 은밀하게 사랑의 몸짓을 교환한다. 나무의 사랑은 완곡하면서도 절절하다. 바라보기만 하여도 숨이 막힌다.

밤마다 산에 오른다. 다른 사람들은 잠자리에 들 시간인 밤 11시쯤 남편과 함께 집 뒤에 있는 불암산에 오르는 것이 일상이 되었다. 산 중턱까지 외등이 켜져 있어 손전등이 없어도 가볍게 오를 수 있다. 처음엔 조금 무섭기도 했으나 차츰 밤의 숲 향기에 취하여 이제는 나도 모르게 밤만 되면 운동화를 신고 나서게 된 것이다.

처음엔 숲에 고여 있는 정적만을 느꼈다. 등산객들로 늘 부산하던 그곳이 그렇게 고요할 수 있다는 사실만으로도 우린 충분히 감격했다. 고요함은 잡다한 소리에 시달리던 귀를 쉬게 해주었다. 귀가 쉬니 마음이 고요해졌다. 사람들이 움직이며 내는 모든 소리가 차단된, 완벽한 고요가 머물러 있는 밤의 숲은 진정한 휴식의 의미를 일깨워주었다.

그러다 차츰 산이 내는 소리가 들리기 시작하였다. 처음엔 바람에 흔들리는 나뭇잎 소리이거니 했다. 바람이 스칠 때마다 수런거리는 나뭇잎들이 정적에 휩싸인 산을 흔들어놓는다고 생각했다. 바람이 늘상 부는 것이 아닌데도 무엇인가 움직임이 느껴졌다. 가만히 멈추어 서서 귀 기울여보면 감지되는 미세한 소리. 한참 후에야 그것이 산에 사는 모든 생물이 사랑을 나누는 소리라는 것을 알게 되었다.

처음에 느꼈던 정적은 사라졌지만 그리 아쉽지 않은 것은 생명의 율동이 정적보다 더 귀하게 다가왔기 때문이다. 그래서 우린 산에 들면 가만가만 발자국 소리를 죽이며 걷는다. 행여 그들의 고귀한 호흡을 흩어놓을까 저어되기 때문이다.

산의 정기精氣가 살아 움직이는 것이 손에 잡힐 듯 느껴지는 깊은 밤, 달빛은 저 홀로 빛나는데 숲 속에선 나무들이 사랑을 하느라 분주하다. 아무리 애써도 떨어진 거리를 좁힐 수 없는 나무들이지만 밤이 되면 놀라운 향연이 벌어진다. 나무를 결합시켜 놓는 것은 무심한 듯 흘러가는 달빛이다. 나뭇잎 틈새까지 비집고 들어오는 달빛은 길게 길게 그림자를 만들어 나뭇잎이건 가지건 손을 잡게 한다. 잔잔한 바람결에도 온 숲이 일렁이며 가까이 다가서고, 한나절의 이별을 영겁처럼 서러워하며 서로서로 얼크러진다. 나무의 형체는 여전히 꼿꼿한데 마음은 그림자로 만나 농밀한 사랑을 나눈다. 숲의 정령들이 모두 일어나 저마다 짝을 찾아 나선다. 이윽고 산이 움직인다. 우람한 바위가 춤을 추고 차디찬 계곡의 맑은 물이 노래를 한다. 바람과 달빛과 나무가 어우러져 생명의 잔치를 벌인다. 스스로의 즐거움은 아예 접어두고, 오로지 종족번식만을 위해 혼신을 다하여 사랑하는 나무들의 그 은밀한 의식은 얼마나 신성한가.

누가 나무를 기도하는 성자聖者라 했던가. 누가 나무를 안분지족安分知足의 대명사라고 하였던가. 내가 보기엔 나무만큼 치열하게 사는 생물체가 지구상에 또 있을까 싶다. 뿌리는 뿌리끼리, 가지는 가지끼리 목숨 걸고 싸운다. 작은 풀포기조차 뿌리째 뽑아내기 힘들거늘 하물며 나무라 이름 하는 것들임에랴. 팔뚝만 한 줄기를 지닌 나무라도 그 뿌리는 사방을 향해 거미줄처럼 뻗어 있는 것을. 수맥을 찾아 없는 길도 만들며 서로들 얽혀 있는 뿌리를 보면 땅속은 전쟁터라는 생각이 저절로 든다.

머리카락보다 가늘어 잘 보이지도 않는 소나무의 실뿌리가 바위를 쪼개고, 단단한 바위틈을 비집느라 휘어진 뿌리와 균형을 이루려고 줄기도 그만큼 휘어진다. 가파른 바람벽에 뿌리

내린 소나무의 줄기가 기묘하게 뒤틀린 것은 나름대로 터득한 생존방식이다. 나무의 삶의 법칙만큼 정확한 것도 없을 게다. 줄기를 보면 땅속에 있는 뿌리의 모습을 짐작할 수 있으니 말이다.

소나무는 자기 영역에 다른 식물의 씨앗이 싹트지 못하도록 타감작용을 일으키는 물질을 배출한다. 그런 소나무를 누르는 게 아까시다. 햇볕 없이는 살 수 없는 소나무를 제치고 훌쩍 키를 세운 아까시는 한껏 가지를 펼친다. 지상의 싸움이 처절하게 벌어지는 것이다. 아까시가 마음껏 활개를 펴면 그늘에 가려진 소나무는 결국 목숨을 잃는다.

산에서 피는 코스모스는 들에서 피는 것보다 키가 훨씬 더 크다. 살아남기 위해선 햇빛을 받아야 하니 나무들 그림자를 비켜가며 키를 세운다. 저마다 발돋움하고 있는 모습들이 애처로울 지경이다. 식물이 살아가는 모습을 살펴보면 사람들만큼 생명을 가볍게 취급하는 생물이 또 있을까 싶다.

그렇게 살아남은 나무들이 사랑을 하는 것이다. 어찌 아름답지 않겠는가. 어찌 눈물겹지 않겠는가. 키 낮은 풀잎들이 서로 어깨 기대고 있는 모습, 단단한 바위틈에서 피어난 제비꽃에 나비가 날아와 앉는 모습, 비명처럼 향기 뿜으며 자신의 존재를 알리는 무수한 꽃들, 나무들.

우리는 산에 가서 사랑을 배운다. 중년이 된 이 나이에, 사랑에 대해 알 만큼 안다고 자부하는 우리들이 이제야 비로소 사랑에 눈뜬다. 비겁하지 않고 서로를 속이지 않는 나무의 사랑법이 귀하게 다가온다.

이제 나무들은 우리들의 발자국 소리를 두려워하지 않는다. 날마다 조금씩 산은 우리를 나무로 만들어간다. 말을 아끼게 하고, 소리 내지 않고 걷는 법을 익히게 한다. 때론 가만히 멈추어 서서 팔을 벌려본다. 가슴 가득 파고드는 청정한 공기, 생명의 향기. 아! 나도 사랑할 준비가 되었나 보다.

오늘밤에도 산에 가야겠다.

숫눈길

서재를 정리하다 책장 위에서 둘둘 말아놓은 작은 그림 뭉치를 발견했다. 30년 전의 신문지에 싸여 있는 그림을 펼치니 온통 눈 덮인 산 풍경이다. 먹의 농담濃淡으로 표현한 바위 사이에 소나무 몇 그루 서 있는 그림도 있고, 계곡의 크고 작은 바위 위에 눈이 소복이 쌓인 그림도 있다. 설리雪裏라는 낙관을 보니 그림을 그려준 이가 생각난다. 까마득히 잊고 살았던 사람의 호다.

그해 겨울은 유난히 추웠다. 아버지가 세상을 뜨신 후 첫 겨울이라 더 그랬을 것이다. 따뜻한 외투를 모두 빼앗긴 느낌이 그러할까. 언제나 내 편이었고 든든한 울타리였던 아버지의 부재는 옷을 입고 또 껴입어도, 활활 타는 난로 앞에 서 있어도 추위를 느끼게 했다. 뼈가 시리다는 표현은 육신이 아플 때뿐이 아니라 심리적 고통을 비유할 때 쓸 수도 있다는 걸 절감하고 있을 때, 직장의 상사가 무작정 손을 잡아끌었다. 친구랑 한계령 아랫동네에 가는데 함께 가자는 거였다. 권유가 아니라 명령이라고 했다. 생글생글 잘도 웃던 내가 몇 달째 비 오는 하늘처럼 우중충한 표정이니 보기에 안쓰럽기도 하였을 것이다. 매사에 신중하신 분의 명령이라 거절할 방도가 없었다.

느닷없는 겨울 여행은 그렇게 시작되었다. 동행은 친구 분 말고도 눈에 확 뜨일 만큼 아름다운 여인 한 분이 더 있었다. 두 분 다 친구라고 했다. 그들의 여행에 어정쩡하게 끼어든 셈이었다. 20대 초반의 나와 50대 초반의 세 사람은 각자 자기 배낭을 메고 시외버스에 올랐다. 차가 출발하자마자 눈발이 날리기 시작했다. 강원도로 들어가는 길목은 이미 눈이 발목까지 쌓여 도로 위의 차들이 제 속도를 내지 못하고 엉금엉금 기었다. 퇴근 후에 출발한 터라 사위는 이미 어둠에 잠겼다. 낯선 행선지가 인쇄된 티켓을 들여다보며 지상에 없는 곳을 찾아가는 듯 기묘한 느낌에 사로잡혔다.

길게 늘어섰던 앞차의 불빛이 어느새 띄엄띄엄 보이기 시작할 무렵 목적지에 다다랐다. 도착 예정 시간을 훨씬 넘기는 바람에 자정이 넘어서야 버스에서 내렸다. 외등 하나 없는 산골마을은 길이 모두 눈에 덮여 분간할 수 없었다. 몇 번 와본 곳이라며 앞장을 서는 상사의 팔을 붙잡고 더듬더듬 예약해

둔 민박집을 향해 걸어갔다. 늙수레한 영감님이 아궁이에 장작을 넣으며 우리를 맞이했다. 나와 여인에게 배정된 작은 온돌방의 바닥은 데일 만큼 절절 끓었지만 웃풍이 심해 코끝이 시려 잠을 이룰 수가 없었다. 밤새 내리는 눈 때문인지 나뭇가지 부러지는 소리가 여기저기서 들려왔다.

첩첩산중의 겨울밤은 길고 길었다. 몇날 며칠 그렇게 달구어진 구들장에 누워 꼼짝도 하지 않았으면 했다. 마음 저 밑바닥까지 얼음이 박혀 있어 시리고 시린 기운을 이참에 모두 녹여버리고 싶었는지도 모른다. 그런 나를 가만둘 리 없는 상사는 몇 번이나 재촉하여 밥을 먹게 하고, 산길을 걷게 했다.

동행들은 절경이다 싶으면 그 자리에서 화선지와 붓을 꺼내들곤 그림을 그렸다. 2년 넘게 함께 일한 상사가 그림을 그린다는 것을 그때 처음 알았다. 이젤과 팔레트에 익숙한 세대에게 작은 널빤지를 바닥에 놓고 그만 한 크기의 담요와 화선지를 그 위에 올려 그림을 그리는 모습은 생경하기 그지없었다. 어디를 보아도 눈 덮인 내설악은 한 폭의 그림이었다. 동행들은 말없이 그림을 그리고, 주섬주섬 배낭을 꾸려 걷다 다시 주저앉아 그림을 그리며 하루를 보냈다. 간간이 눈발이 날려도 아랑곳하지 않고 그림 그리기에 몰두한 그들의 모습은 그대로 하나의 정물이었다. 가부좌를 틀지는 않았지만 참선을 하는 듯 보였고, 엎드려 절하는 것은 아니지만 기도하는 모습으로 보일 만큼 그들의 그림 그리는 모습은 왠지 범접할 수 없는 분위기를 만들어냈다. 아무도 없는 눈 덮인 설악은 감추어둔 속살의 비경을 그들에게 순순히 보여주고 있었다. 같은 장소에서 그림을 그려도 세 사람의 그림은 서로 달랐다.

돌아오는 길, 눈길에 발목이 삐끗하여 다소 뒤처진 나를 잡아주던 친구 분이 여인에 관한 이야기를 들려주었다. 함께 그림을 배우며 알게 되었는데 오래도록 상사를 연모해왔다고, 몇 해 전 상처喪妻를 한 상사에게 지극정성 마음을 다했지만 이제까지 모르는 척 외면해왔다고, 이번 여행은 그 여인의 마음에 마침표를 찍기 위한 것이라고, 가족이 하나도 없어 세상에 오직 혼자뿐인 여인의 마음을 받아주지 않는 친구가 야속할 따름이라고…….

저녁 밥상이 성찬이었다. 여인이 준비해왔다는 몇 가지 반찬은 눈을 휘둥그레지게 했다. 인삼을 다져넣어 구웠다는 섭산적이나 잣이 들어 있는 전복초 등 이제까지 먹어본 적이 없는 음식들이었는데 그 맛이 기가 막혔다. 상차림을 본 주인영감은 5년 묵은 송순주를 땅에 묻은 항아리에서 퍼왔다. 주인과 객들이 함께 두레상에 둘러앉아 밤 깊은 줄 모르고 솔향기 물씬 나는 송순주에 취해갔다. 그날 밤, 여인은 내 방에 들지 않았다.

영문도 모른 채 여인을 기다리느라 잠을 설치다 새벽녘이 되어 눈이 떠졌다. 어디선가 개 짖는 소리가 들렸던 듯도 싶다. 여전히 빈자리로 남아 있는 여인의 잠자리를 보며 방문을 여니 너른 마당 한가운데로 발자국이 대문을 향해 나 있었다. 발자국 위로 눈이 내려 희미하게 남아 있는 발자국.

숫눈길 밟으며 정인情人 곁을 떠나간 여인의 발자국이 새로 쌓인 눈으로 완전히 뒤덮여 아침녘엔 다시 숫눈길이 되어 있었다. 흔적도 없이 사라진 여인의 발자국은 어디에 숨어 있는 걸까. 새하얗게 눈 쌓인 마당을 차마 딛지 못하고 망연히 바라보던 설리, 달려가 붙잡지 못하는 그 마음이 얼마나 큰 사랑이었는지 그분만큼 살아본 지금에서야 어렴풋이 깨닫는다. 지병이 있는 자신에게 묶여 있지 말고 너른 세상에서 훨훨 자유롭게 살라며 밤새 다독였다는 이야기를 돌아오는 차 속에서 전해 듣고는 뒤를 돌아보고 또 돌아보았었는데…….

유난히 설경 그리는 걸 좋아해 호까지 아예 '눈 속'으로 지었다던 그분, 아마추어 그림이라고 아무에게도 나눠주지 않았던 그림을 철없이 졸라대던 내게 선물처럼 건네주던 그분의 마음 씀씀이를 그땐 몰랐었다.

내게 준 몇 장의 그림 속엔 여인도, 얼음처럼 꽁꽁 얼어 있던 나도, 동행 모두를 병풍처럼 감싸안던 그분의 친구도 없다. 다만 눈 덮인 내설악의 절경만이 오롯이 남아 있을 뿐이다.

아리롱 할머니

몸이 불편하신 어머니를 모셔다 드리느라 경로당 출입이 잦아졌다. 날마다 경로당 출입을 하니 자연 그곳 할머니들과도 가까워지고, 사과 한쪽이라도 먹고 가라며 붙잡는 바람에 가끔씩 주저앉아 재미있는 이야기를 듣는 일도 있다.

그 중에서도 유난히 나를 반가워하는 할머니가 한 분 계셨다. 숱이 없어 쪽을 쪄도 비녀가 노상 달아나는 머리가 하얀 그 할머니는 별명이 '아리롱 할머니'다. 거의 말을 하지 않아 평소엔 있는 듯 없는 듯 조용히 왔다 가지만 노래 듣고 싶다고 청하면 "잘하지도 못하는데……" 하면서도 손으로 토닥토닥 무릎을 두드린다. 그 신호를 시작으로 '아리롱 아리롱'하는 노래가 흘러나온다. 노랫말은 어릴 적 고향에서 부르던 것이기도 하고, 기분 내키는 대로 즉석에서 만들어 붙이기도 하여

들어보면 재미있는 것이 많다. 주름진 얼굴이지만 여전히 고우신 할머니가 눈을 지그시 감고 조용조용 〈아리롱〉을 부르면 시끌벅적하던 경로당이 어느새 아리롱 가락에 잠겨든다. 가끔씩 추임새도 넣고, 무릎장단으로 할머니의 노래가 계속 이어지도록 흥을 돋우기도 하며, 후렴으로 함께 '아리롱 아리롱' 하는 어르신들 모습이 여간 보기 좋은 게 아니다.

체구도 자그마하신 분이 어찌나 조그맣게 부르는지 노랫말을 알아들을 수가 없을 때도 있어 좀 크게 부르라고 조르면 "아녀자의 목소리가 울타리를 넘으면 안 된다는 소리를 귀에 딱지가 앉도록 들으며 자라서 그려."하신다. 그래서 그런지 힘주어 부르지 않는데도 할머니의 노래를 듣고 있으면 괜시리 서러운 마음이 든다. 아리롱을 발음하면 아리랑과는 좀 다른 느낌이다. 아리랑의 'ㅏ'는 음이 확산되는 느낌을 주는데 아리롱의 'ㅗ'는 안으로 잦아들며 길게 여운을 남긴다. 마음껏 기를 펴지 못하고, 조신함을 최고의 덕목으로 강요받고 살아온 이 땅의 대부분의 여성들처럼 할머니의 일생을 구구절절 풀어놓지 않아도 신산했을 삶이 느릿한 아리롱 가락이나 노랫말을 통해 고스란히 전해져 온다.

지난봄부터 아리롱 할머니가 경로당의 주요 화제로 떠올랐다. 아파트 울타리 밖에 손바닥만 한 텃밭을 가꾸는 아리롱 할머니 밭에 한 할아버지의 발길이 잦아진 것이다. 아침나절 할머니가 나오기 전에 먼저 와서 풀을 뽑고, 물을 주는 모습을 나도 몇 번인가 본 적이 있었다. 그냥 거드는 것이려니 했는데 그게 아니란다. 할아버지가 할머니를 마음에 두고 있다는 것이다. 그 할아버지도 경로당에 나오시는데 말없기는 할머니 못지 않은 분이셨다.

자신의 이야기가 자꾸만 사람들 입에 오르내리자 할머니의 경로당 출입이 뜸해졌다. 어쩌다 밭에서 할아버지라도 만나면 발길을 돌려 얼른 집으로 들어가는 모습도 눈에 띄었다. 등이 굽어 빨리 걷지도 못하면서 허둥대며 걸어가려니 애꿎은 팔동작만 커지는 할머니, 그런 할머니를 부르지도 못하고 우두커니 서서 바라보던 할아버지의 눈길은 할머니가 문을 닫을 때까지 거두어지지 않았다. 그런 두 분의 모습을 보고 온 날은 알 수 없는 조바심에 목이 탔다.

부지런한 할머니가 전처럼 밭에 나오지 않는 날이 많아졌다. 그런데도 할머니 텃밭은 여전히 정갈하게 가꾸어져 있었다. 상추도 알맞게 솎아져 있고, 고추나 가지엔 버팀목이 알뜰히 세워져 있었다. 잡초 하나 없이 말끔한 텃밭 가에서 담배를 태우는 할아버지 모습이 자주 눈에 띄었다.

"밭가에 할아버지가 백일홍을 심었단다."

"분꽃도 몇 포기 구해다 심었다지, 아마?"

어머니를 통해 간간이 두 분의 이야기를 전해 들으면서 심하다 싶게 내외를 하는 할머니의 마음이 언제쯤 열릴까 궁금하였다. 유난히 더운 날, 함께 사는 딸의 손에 미숫가루를 들려

밭으로 내보냈다는 이야기를 들은 얼마 뒤, 느닷없이 할머니의 부음 소식이 전해졌다.

한동안 할머니 텃밭에는 잡초가 무성했다. 장마가 져서 밭고랑이 허물어지고, 땡볕이 내리 쬐어 호박잎이 축 늘어져도 아무도 돌보지 않아 그대로 묵정밭이 되는 듯했다.

어느 날, 시장가는 길에 습관처럼 밭으로 눈을 돌리다가 문득 걸음을 멈추었다. 호미를 든 할아버지가 쓰러진 버팀목을 다시 세우고 고추를 묶고 있는 게 아닌가. 그러고 보니 밭은 어느 결에 방금 이발한 아이처럼 단정하게 정리되어 있었고, 윤기 흐르는 푸른 밭을 둘러싸고 백일홍과 분꽃이 화사하게 피어 있었다.

어머니의 금반지

어머니 손엔 늘 금으로 만든 쌍가락지가 끼어 있다. 다른 장신구들은 전혀 착용하지 않으면서 유독 반지만은 평생을 손가락에서 빼놓지 않으시는 것이다. 얼마 전, 어머니에게 새 반지를 해드리곤 그 반지를 달라고 떼를 썼다. 오랜 세월 정이 들었을 텐데 선뜻 내어주시는 어머니를 보곤 자식이 원하는 것이라면 심장이라도 꺼내어주실 그 사랑에 그만 할 말을 잃고 만다.

지금은 반지의 표면이 맨들맨들하지만 처음엔 국화 문양이 돋을새김으로 정교하게 새겨져 있었다고 한다. 국화가 새겨져 있었다는 말이 믿어지지 않을 정도로 표면이 매끈한 그 반지는 어머니의 삶을 통째로 보아온 유일한 물건인 셈이다.

어머니는 한학자인 외조부의 삼남매 중 막내딸로 온갖 귀여움을 받으며 자라다 17세 어린 나이로 아버지에게 시집을 오셨다. 일제치하에서의 결혼생활이란 설명하지 않아도 그 고충이야 미루어 짐작하지 않겠는가. 넉넉하지 않은 살림살이에 오남매를 출산하고 양육하느라 허리가 휠 대로 휘어 지금도 92세 노구의 어머니는 아프지 않은 곳이 없다. 가끔씩 우리 집에 오셔서 한동안 머무시는데 어머니의 아픈 모습을 뵙는 것이 무엇보다 힘들다. 뼈마디가 삭아내려 인공관절을 달고, 수술도 할 수 없는 곳은 그냥 생으로 고통을 감내해야 하니 지켜보는 일이 고스란히 형벌이다. 차라리 내 허리뼈 하나 내어드리고만 싶다.

예전부터 거룩한 모성애를 그려낸 소설을 읽으며 난 어머니가 되는 것이 두렵기만 했다. 자신의 살과 뼈를 갈아 자식을 키우는 어머니의 그 지극한 사랑을 스스로 감당하기엔 내 자신이 너무나 부족하다는 걸 잘 알기 때문이다. 그런데도 난 대책없이 두 아이의 어미가 되었다. 어머니가 되는 것은 거역할 수 없는 소명이라는 사실을 아이들을 키우며 깨달았다.

지방을 돌아다니며 일하시는 아버지는 한 번 집을 나서면 보름이나 한달 만에 한 번씩 얼굴을 뵐 수 있었다. 어머니 표현에 따르면 '잔정이 없는 분'이라 때론 어머니를 쓸쓸하게 하였음직하다. 그런데도 어머니에게서 외로운 표정을 한 번도 읽어낸 적이 없다. 아니 어머니도 사랑받고 싶어하는 여자라는 사실을 아예 생각조차 하지 못했다. 아버지가 돌아가신 지 30

년 가까이 되셨고, 이제 어머니도 아버지 곁으로 가실 시간이 멀지 않았는데 가끔 TV드라마에서 젊은이들이 알콩달콩 연애하는 것을 볼 때마다 "나도 저렇게 한 번 살아보았으면……." 하고 말씀하시는 걸 보면 어머니도 여자라는 사실을 깨닫곤 한다. 그럴 땐 어머니의 마음을 모르고 살아온 죄가 결코 가벼운 게 아니라는 생각이 든다. 지금도 아침마다 곱게 단장하시는 어머니를 뵐 때면 연세가 믿어지지 않을 정도로 화사하다.

아버지가 돌아가시고 20년도 더 넘은 어느 날, 어머니와 나 둘만 있는데도 한껏 목소리를 낮추어 그동안 꼭꼭 숨겨둔 비밀을 털어놓으셨다.

"아버지에게 다른 여자 있었던 거 너 모르지?"

깜짝 놀란 나는 누구냐고, 그런데도 어떻게 아버지에게 항의 한 번 하지 않고 가만히 있었냐고 여쭤보았다. 우리 집 근처에 살던 가여운 여인이었는데 아버지가 그 집 살림살이를 돌보아주다 정이 든 모양이라고 했다. 어려운 이웃을 보면 그냥 지나치지 못하는 아버지의 성품으론 충분히 그럴 만도 했다. 혼자 사는 여인의 살림살이가 오죽했겠는가. 명절이면 슬그머니 쌀말이나 그 집 마루에 부려주고, 오다가다 문짝이 고장 난 게 눈에 뜨이면 손보아주고 그러다 그 여인의 마음까지 돌보아주게 된 모양이었다. 아무도 모르는 이야기인데 나에게만 알려주는 거라고 했다. 아버지를 끔찍이도 좋아하는 내가 상처를 받을까 봐 지금껏 말하지 않았다고. 아버지 돌아가시고 얼마 안 되어 그 여인이 어머니를 찾아와 눈물을 흘리며 고마웠다고 인사를 하곤 며칠 뒤 동네를 떠났다고 했다. 아버지의 또 다른 사랑을 묵묵히 지켜주신 어머니의 마음을 헤아려보았다. 유난히 꼿꼿한 어머니의 자존심 때문에 가능한 일은 아니었을 것이다. 아버지의 연인까지 보듬어 안은 그 한량없는 마음이 결국 어려운 환경에서도 당당하게 우리를 키워낸 놀라운 힘이 아니었을까 짐작해볼 따름이다.

아무리 힘든 일이 닥쳐와도 흔들리지 않고 당신의 자리를 꼿꼿이 지켜낸 어머니가 요즘은 눈물을 자주 보이신다. 자꾸만 마음이 약해지시는가 보다. 칠순이 넘은 큰아들의 건강을 염려하시다가도, 외국에 살고 있는 막내딸 이야기를 하다가도 그만 눈물이 그렁그렁해지신다. 강하기만 하셨던 어머니가 자꾸만 울먹이는 모습을 뵙는 것도 괴로운 건 마찬가지다. 어제도 과자를 한 봉지 드렸더니 큰아들 준다고 가방 속에 꾸려 넣으신다. 손자까지 본 큰오라버니가 아직도 철부지 아이로만 생각되는가 보다.

어렸을 때부터 어머니 무릎에 누워 역사이야기를 들으며 자랐다. 조선왕조 이야기를 주로 해주셨는데 그 중에서도 단종과 사육신, 혜경궁 홍씨 이야기는 몇 번을 들어도 지루한 줄 몰랐다. 늘 책을 읽으시는 어머니 덕분에 우리는 무궁무진한 이야기를 밤마다 들을 수 있었다. 작년까지만 해도 신문을 읽으셨는데 지금은 시력이 극도로 나빠져 책을 거의 읽지 못하신다. 수필집을 낼 때 눈이 어두운 어머니를 위해 글자를 확대하여 커다란 책으로 한 권 만들어 드렸더니 그렇게 좋아하실 수가 없다. 이 세상에 단 한 권뿐인, 어머니를 위한 복사본을 만들어드린 게 내가 할 수 있는 유일한 효도라니 부끄럽기 짝이 없다.

결혼반지는 애초에 생활비로 바뀌었고, 빠듯한 생활비를 쪼개 한 푼 두 푼 모아 장만한 반지마저 조카들 대학 등록금 마련을 위해 수시로 전당포를 들락거렸던 역사를 간직한 어머니의 쌍가락지. 반지 값보다 몇 배나 더 전당포에 가져다주었으면서도 굳이 되찾아오곤 하던 어머니의 고집이 고스란히 녹아 있는 그 반지는 어머니의 유일한 패물이었다. 금반지가 닳고 닳아 무늬가 완전히 사라질 정도로 고단하게 살아온 어머니의 생애. 그 무늬를 없애는 데 한 몫 거들었을 지금의 나. 내가 받은 사랑의 십분의 일도 주지 못하는데 예쁘게 자라준 나의 딸. 이 끈끈하고도 엄숙한 인연의 고리가 지금의 나를 있게 한 버팀목이다.

어머니의 헌신과 무조건적인 희생을 담보로 살아온 나는 아직까지 빈손이다. 다만 어머니의 닳고닳은 반지만 차지하고 있을 뿐. 언젠가는 딸에게 물려줄 어머니의 피와 땀이 서린 쌍가락지 한 벌이 내가 가지고 있는 가장 값진 보물이다.

가시고기의 사랑법

장안의 화제가 되고 있는 소설책 ≪가시고기≫를 읽었다. 두세 시간이면 다 읽을 수 있는 책을 서점 아가씨의 표현대로 '너무 슬퍼서' 우느라고 아침에 읽기 시작한 책을 밤이 되어서야 마지막 장을 덮었다. 책을 읽으면서 이렇게 눈물을 많이 흘린 게 얼마 만인가. 실컷 울고 나니 거룩한 부정父情에 마음이 정화된 느낌이면서도 생살을 찢는 아픔이 전해져와 마음 가눌 길이 없어 한동안 아무 일도 할 수 없었다.

이 책은 백혈병에 걸린 열 살 된 아들을 간병하는 시인 아빠의 이야기이다. 자신의 야망을 위해 가족을 버린 아내와는 달리 고아로 자란 아빠는 지극 정성으로 아들을 보살펴 끝내 불치병에서 살려놓곤 자신은 결국 간암으로 죽음을 맞이한다는 내용이다.

얼마나 더 아파야 죽게 되냐고 의사에게 묻는 아들을 바라보며 아무것도 대신해 줄 수 없는 것에 대해 가슴이 찢어질 것만 같은 아빠의 고통이 손에 잡힐 듯 그려져 소설 초반부터 눈앞이 흐려진다. 치료비를 대느라 가진 것을 다 팔았기 때문에 빈털터리가 된 아빠. 급기야 각막까지 팔아서 아들의 수술비를 마련하는 아빠의 처절한 사랑을 접할 땐 가슴이 턱턱 막혀와 한동안 글씨가 눈에 들어오지 않았다.

아이를 고아원에 맡겨놓곤 찾아오지 않는 부모들이 날이 갈수록 늘어나고, 부모가 자식에게, 자식이 부모에게 폭력을 휘두르는 일이 다반사로 일어나고 있는 현실이 아닌가. 사소한 이유로 가정이 붕괴되고, 장유유서長幼有序의 아름다운 전통이 사라진 패륜의 시대라고 한탄하는 사람들이 많지만 이 소설을 읽으면서 영원히 변하지 않는 것이 바로 부모의 자식 사랑이라는 것을 다시 한 번 일깨우게 된다. 소설 속의 엄마처럼 쉽게 가족을 내팽개치는 사람들도 없지 않지만 그래도 아직은 자식을 위해서라면 하나밖에 없는 목숨까지도 기꺼이 내놓을 수 있는 부모들이 훨씬 많음을 부인할 수 없다.

며칠 전부터 매스컴을 뜨겁게 달구는 뉴스는 역시 북한에서 보내온 이산가족 명단이다. 그래서는 안 되겠지만 이번 일이 설사 일회성으로 끝난다 할지라도 밤잠을 설치게 하는 기쁜 소식임에는 틀림이 없다. 그토록 완강히 문을 닫아걸었던 북한이 어쩐 일로 선선히 이산가족방문의 빗장을 풀었을까 하는 의심은 잠시 접어두자. 어떻게든 더 늦기 전에 단 한 명이라도 이산가족이 만나는 그 뜨거운 장면을 보고 싶은 게 모든 국민들의 열망일 테니까.

북한에서 찾는 사람들의 면면을 자세히 살펴보면 역시 부모님이 가장 우선인데 그분들의 나이가 거의 100세를 넘긴 분들이다. 심지어 어떤 사람은 130세가 넘는 어버이의 명단을 공개하였다. 100세가 넘도록 살 수 있는 사람은 흔치 않아 신문기삿감인데 줄줄이 그렇게 나이 많은 부모의 이름이 나오는 걸 보니 늦어도 너무 늦었다는 생각에 가슴이 아리다. 사랑하는 가족이 어느 날 갑자기 서로 헤어져 50년 동안 만나지 못하고 소식조차 모른 채 살아온 세월을 누가 보상해야 하나. 부모의 이름을 밝혀야 가족을 쉽게 찾을 수 있어 그랬겠지만 눈으로 확인하기 전에는 돌아가신 사실을 인정하고 싶지 않은 심정이 굳이 100세가 넘은 분들의 이름을 밝혔을 것이다.

북한에서 보내온 명단을 통해 형의 소식을 들은 한 아저씨가 울먹이면서 하는 말이 송곳 되어 찌른다.

"대체 이념이 무엇이길래 이렇게 오랜 세월을 서로 만나지 못하게 꽁꽁 묶어둘 수가 있느냐."

무엇으로도 대신할 수 없는 가족 간의 사랑. 내 목숨보다 귀한 자식과 형제. 그들을 억지로 갈라서게 만든 이념이라는 허상의 굴레가 오늘따라 도깨비처럼 여겨진다. 가끔씩 서로 다투고 미워할 때조차 쌓이는 가족 간의 사랑을 대신할 수 있는 게 대체 어디 있겠는가. 50년 동안 서로 마음을 나누고 기대며 살아야 했던 시간은 무엇으로도 채울 수 없는 깊은 골이 되어 버렸다. 혈육처럼 가까운 이웃일지라도 대신해 줄 수 없는 자리가 바로 가족이 아니던가.

아무리 완벽한 이론으로 무장한 이념이라 하더라도 가족 간에 흐르는 사랑보다 우위일 순 없다. 아무런 조건 없이 오로지 자식을 위하여 목숨을 내놓는 어버이의 사랑, 내 몸의 일부를 선뜻 떼어줄 수 있는 형제간의 사랑. 그런 숭고한 정신이 있기에 인간은 만물을 관장할 권리를 창조주에게 부여받은 것일 게다.

알을 낳은 후 훌쩍 떠나버리는 엄마 가시고기와는 달리 아빠 가시고기는 다른 고기에게 수없이 쪼이면서도 목숨 걸고 새끼들을 지켜낸다. 다 자란 새끼들이 품을 떠나면 기진한 아빠 가시고시는 돌 틈에 머리를 박고 죽는다. 오로지 새끼들을 보살피느라 진이 빠질 대로 빠진 아빠 가시고기의 눈물겨운 부정父情에 고개가 절로 숙여진다. 이러한 가없는 사랑이 그토록 오랫동안 생물을 지구상에 존재하게 만든 힘이었을 게다.

비록 눈을 팔아 수술비를 대야 할 만큼 가난했지만 그래도 소설 속의 아빠는 행복하였다. 아들을 위하여 무언가 해 줄 수 있었으니까. 가까운 거리에 두고도 흘려보낼 수 없었던, 너무나 오랜 시간 동안 고여 있어 한恨으로 졸아버린 이산가족들의 애절한 그리움은 휴전선의 철조망만큼이나 녹슬어버렸다.

헤어져 살아온 시간이 너무나 길어 기다림에 지친 채 한을 품고 숨을 거둔 이들은 제대로 눈을 감을 수 있었겠는가. 녹슨 사랑을 풀어낼 기회조차 사라져버린 이산가족들의 새카맣게 타버린 가슴이 생살 찢는 아픔으로 다가서는 요즈음이다.

친구의 유언

창문 밖에 서 있는 라일락 꽃망울이 봉긋하게 부풀기 시작한다. 연보랏빛 꽃망울이 터지기 전부터 향기가 먼저 내 안으로 달려 들어온다. 멀미가 날 정도로 향이 진한 라일락이 피기 시작하면 어김없이 헛헛증에 시달린다. 아무리 시간이 흘러도 가라앉지 않는 공복감이다. 견디기 힘든 상실감이 때론 이렇게 헛헛증으로 나타날 수도 있나 보다.

중학교 시절부터 단짝이던 친구가 저 세상으로 가던 날도 이렇게 눈부신 봄날이었다. 온갖 꽃들이 팡팡 소리를 내며 피어나는 듯하여 귀로도 봄을 느낄 수 있다고 우기곤 하던 친구였다. 꽃잎 터지는 소리를 들을 만큼 감수성이 풍부하던 친구는 라일락을 유난히 좋아했다. 라일락 꽃잎은 네 갈래로 갈라지는데 간혹 다섯 갈래로 갈라진 걸 찾으면 마치 '네잎클로버'

의 행운처럼 사랑이 이루어진다는 속설을 믿고, 그 꽃잎을 찾으러 서울을 온통 헤집고 다니기도 하였다. 다섯 갈래 꽃잎을 찾아 헤맬 정도로 사랑에 확신이 없었던 것도 아닐 텐데 친구의 라일락 순례는 한동안 계속되었다.

그렇게 애타하던 친구의 사랑이 결실을 맺은 건 행운의 꽃잎 덕분이었을까? 신혼의 재미를 이야기하거나 아기의 재롱을 자랑할 때도 그녀의 입에선 라일락 향내가 났다. 아무리 눈보라가 몰아치는 한겨울이라도 그녀의 정원에는 라일락이 소복소복 피어나는 듯했다.

그러기를 몇 년, 사업의 기반도 튼튼히 세우고, 아이도 웬만큼 커서 여유롭게 살 수 있을 즈음 청천벽력 같은 소식이 전해졌다. 작은 체구 어느 구석에 몹쓸 세포가 자라고 있었던 것일까. 몇 번의 수술을 한 뒤, 집에 가서 하고 싶은 것 마음대로 하라는 의사의 최후통첩을 들은 친구는 나와 또 한 명의 친구를 집으로 불렀다. 딸을 데리고 혼자 살고 있는 친구를 부른 그녀는 조심스럽게 입을 열었다.

"내 자리에 네가 들어와 줘. 너라면 내가 편히 눈을 감을 수 있을 것 같아."

그 이야기를 들은 우리는 너무 놀라 한동안 아무 말도 할 수가 없었다. 어떻게 그런 생각을……. 숨이 턱턱 막혀 눈물도 나오지 않았다. 말도 안 되는 소리 하지도 말라며 경악하는 우리에게 그녀는 병에 걸렸다는 이야기를 들은 순간부터 죽음을 준비했다며, 오래 생각하고 내린 결론이니 거절하지 말아달라고 간절히 애원을 했다. 착한 남편과 아이가 못된 여자 만날까 봐 걱정하는 마음이야 이해할 수 없는 것도 아니지만 차마 계속 듣고 있을 수 없었다. 나을 생각은 하지 않고 엉뚱한 생각만 한다고 역정을 내는 우리 앞에 친구는 아껴 간직하고 있던 보석함을 열어 반지랑 목걸이를 혼자 사는 친구에게 걸어주었다. 성스러운 의식이라도 진행하듯 힘없는 손으로 천천히 목걸이를 골라 친구의 목에 걸어주던 모습이 지금도 눈에 선하다. 마법에라도 걸린 듯 우린 꼼짝도 할 수 없었다.

그렇게 작별의식을 마친 며칠 후 친구는 떠났다. 임종을 하러 온 가족이나 친지들에게 자신의 뜻을 거듭거듭 전하곤 홀연히 하늘나라로 돌아갔다. 어찌나 집요하게 가족들을 설득했는지 장례를 치르는 내내 철없는 아이는 엄마 친구를 새엄마라 부르며 졸졸 쫓아다녀 보는 이의 마음을 에이게 했다.

아무리 절친한 친구라 해도 어떻게 자신의 자리를 선뜻 내어줄 수 있을까. 얼마나 사랑이 깊으면 죽음을 앞에 놓고도 자신보다 다른 사람 생각을 먼저 할 수 있는지 나로서는 불가사의하기만 하다.

겨울이 지나면 어김없이 봄이 찾아오고, 라일락은 늘 그 자리에서 어지럼증이 일도록 향기를 토해낸다. 남은 가족에게 돌려주려 해도 받지 않아 목걸이는 몇 년째 그 친구의 목에 걸려 있고, 지키지 못한 친구의 유언은 가시처럼 우리들 가슴에 박혀 있다.

얼마 전, 봄빛이 따뜻한 날 목걸이를 받은 친구랑 꽃구경을 나섰다. 가까운 공원을 산책하다 햇살에 반짝이는 목걸이를 보는 순간 가슴이 쿵하고 내려앉았다. 그동안 무심코 보았는데 햇빛 아래에서 자세히 보니 그 목걸이는 바로 다섯 갈래의 라일락 꽃잎 모양으로 만들어진 것이 아닌가. 그렇게 짧게 살다 갈 거면서 영원히 지지 않는 꽃잎을 만들어 놓다니…….

집으로 돌아오면서 처음으로 친구의 유언에 대해 진지하게 생각했다. 목걸이를 걸어주던 날 굳이 나를 동석시킨 까닭을 비로소 알 것 같았다. 그날의 증인인 내가 나설 때가 되었나 보다. 여지껏 혼자 살고 있는 친구의 남편에게 전화를 거는 손에 힘이 실린다.

은수저

못 견디게 아버지가 그리운 날은 은수저를 닦는다. 치약을 수건에 묻혀 은수저를 힘주어 닦으면 뽀얀 은빛이 살아나면서 손잡이 끝에 있는 푸른빛 글자도 선명해진다. 기쁠 희囍자를 모양내어 새긴 걸 보면 딸을 여의는 친정어머니의 기원이 얼마나 절실한지 짐작할 수 있다. 남편이 쓰고 있는 이 은수저는 바로 친정아버지가 사용하시던 은수저를 녹여 만든 것이다.

혼수를 장만하느라 경황이 없으셨을 텐데 어느 결에 준비하셨는지. 신행을 마치고 먼 곳으로 신접살림하러 떠나는 날 친정어머니는 내 손에 두 벌의 은수저를 꼭 쥐어주셨다. 아버지 마음도 따라가는 거야, 잘 살아야 해. 아버지 대신 오빠 손을 잡고 결혼식장에 들어서야 했던 내가 퍽 안쓰럽게 생각되었을 것이다. 아버지를 유난히 따랐던 딸이 반려자를 따라 먼 길

나서는 걸 보며 어머니는 얼마나 걱정이 많으셨을까? 은수저가 무슨 수호신이라도 되는 양 자줏빛 보드라운 우단으로 감싸 건네주시며 잘 살아야 한다고 눈시울 붉히신 채 거듭거듭 당부하셨던 것이다. 아버지는 그렇게 신혼살림부터 줄곧 우리와 함께하셨다.

예전에는 은수저를 자주 잃어버렸다. 모두들 어려웠던 시절, 안방에 온 가족이 모여 시끌벅적 이야기꽃을 피우다 식사 준비 하러 나가신 어머니의 비명소리가 들리면 또 은수저가 사라진 것이다. 그럴 땐 으레 부엌 뒷문이 활짝 열려 있었다. 머리끝이 쭈뼛거려 한동안 부엌 근처에도 얼씬거리기 싫어진다. 은수저를 잃어버리고 상심해하는 어머니의 모습을 뵙는 것은 고역이었다. 아무리 형편이 어려워도 며칠 안 가 그예 아버지 은수저만은 마련하셨던 어머니. 설거지를 마친 후 은수저를 감추기에 골몰하시던 어머니 모습이 어제인 듯 떠오른다.

예나 지금이나 훔친 물건을 어디 제값 주고 팔 수 있겠는가. 고작 쌀 두어 봉지 사면 그만일 것을. 남이 받아먹던 수저마저 탐내던 이들이 골목을 기웃거리던 가난했던 시절의 이야기다. 창문 밖에서 기다란 장대로 벽에 걸어놓은 오빠의 외투까지 꺼내가던 때였으니 은수저는 충분히 훔칠 가치가 있는 물건이었으리라.

몇 번이나 분실한 끝에 어머니가 마음먹고 새로 장만한 은수저는 닳도록 쓰이지 못하고 주인을 잃었다. 기껏 죽이나 미음을 담아 주인의 입에 날랐던 은수저의 처지도 딱하였다. 그나마 돌아가시기 며칠 전에는 물 한 모금 넘기기도 힘드셨으니 품위 있는 모양새에 비해 제 소임을 다하지 못하였던 은수저였다. 아버지의 깊어지는 병세만큼 윤기를 잃어가는 은수저가 보기 싫어 가끔씩 수세미로 박박 밀어대기도 하였다.

결국 아버지는 우리 곁을 떠나시고 은수저만 남았다. 남겨진 은수저는 1년 내내 찬장 속에 머물다가 아버지 기일이 되어서야 바람을 쏘이곤 했다. 음식을 담아 나르지 않는 수저는 이미 수저가 아니다. 그저 이리저리 제사상에 차려진 음식 위에 슬쩍 올려지다 맛난 음식 한 번 떠보지도 못하고 거두어지는 은수저에게 새로운 임무를 부여한 어머니의 깊은 의중을 어찌 모르랴.

"네 신랑감은 내가 고를 거다."

오남매 중에서도 유난히 날 귀여워하시던 아버지는 마음껏 사윗감을 골라 가끔씩 술대접을 받고 싶어하셨다. 호탕한 성품이셨던 아버지께서 술을 드신 날은 우리들의 보너스 날이기도 했다. 골목에서부터 우리를 부르시는 기분 좋은 아버지 음성이 들려오면 우르르 달려 나가서 아버지 팔을 하나씩 차지하곤 의기양양하게 대문을 열어젖히던 단발머리 꼬마였던 나와 동생. 일부러 이쪽저쪽 기우는 척하며 우리에게 온몸을 실어 보는 장난도 하셨던 아버지. 넘어지지 않으려고 고 작은 팔로 아버지를 힘껏 받치던 그립고도 그리운 어릴 적의 내 모습. 땅바닥에 넘어져도 좋으니 다시 한 번 아버지를 부축할 수만 있다면 세상 부러울 게 없겠다. 싫다고 고개 돌리는 우리의 얼굴을 커다란 손으로 감싸고는 까실한 수염 자국 비비며 술 냄새 후후 불어대던 아버지. 지금 그런 장난을 걸어오신다면 어떠한 냄새를 풍겨대어도 절대로 고개 돌리지 않을 것이다. 평소엔 호랑이처럼 무서워 감히 투정 한 번 마음껏 부려볼 엄두도 내지 못했지만 술을 드신 날은 맛있는 과자도 얻어먹을 수가 있고, 가끔씩 용돈도 챙길 수가 있었다.

단단했던 근육이 독버섯처럼 번져 가는 암세포 때문에 앙상해져 가는 참담한 고통을 겪으시다 그예 목숨 줄을 놓아버리신 아버지. 젊으셨을 때 마을의 씨름대회에서 몇 번이나 송아지를 타오실 정도로 힘이 장사였다면서 한 손으로도 거머쥘 작은 세포덩어리 하나 이겨내지 못하고 그렇게 홀연히 가버리시다니 이런 황망한 일이 또 있으랴.

아버지를 추억할 만한 물건이 어쩜 그리도 남아 있지 않은가. 아직 세상 물정 모를 때이기도 했지만 평생 아버지의 손에서 떠나지 않던 손때 묻은 연장 하나 챙겨놓지 못하고 이제서야 안타까워하다니 어리석기 짝이 없는 일이다.

그런데 생각지도 않던 귀한 물건이 혼수에 얹혀 내게로 온 것이다. 소금 독에도 숨어 있고, 포개놓은 바가지 속에도 들어 있던 은수저가 새롭게 단장되어 소꿉 같은 새살림 한가운데에 자리를 잡았다. 전 주인의 기운 없는 손놀림에 익숙해져 있을 은수저는 이제 남편의 건강한 일상을 책임지게 되었다. 그토록 벼르던 사윗감은 술 한 잔 못 하지만 식성은 누구 못지 않아 은수저는 자연 바쁘다. 맛나게 식사하는 그이를 보며 젊은 날의 아버지를 떠올린다. 그리고 오래된 은수저를 자주색 우단 보자기에 둘둘 말아 금은방을 들어서시던 어머니의 모습도…….

돌 그리고 야생화

그는 돌이다.

30여 년을 함께 살아왔지만 이보다 더 정확하게 그를 표현할 말을 나는 찾을 수 없다. 예전이나 지금이나 그는 조금도 변함이 없다. 경상도 그 중에서도 완고하기로 이름난 대구에서 태어난 그는 순도 백퍼센트 한국 남성의 전형이다. 그런 사람 곁에서 난 참 용케도 견디어왔다.

나의 20대는 온통 무채색이었다. 인생의 황금기라고 누구나 부러워하는 그 아름다운 시절을 온통 짙은 허무 속에서 보냈다. 유신 말기의 암울한 시대를 맨몸으로 견디어야 했던 그 당시 우리나라의 젊은이들은 민주화 운동에 지칠 대로 지쳐 절망과 무기력과 공포감에 사로잡혀 있었다. 어떤 것도 꿈꿀 수 없었다. 그냥 존재할 뿐이었다. 서울의 하늘에 최루가스가 가장 많이 터졌던 시절이었기에 자의든 타의든 울면서 다녔다.

친구들은 대개 세 부류로 나뉘었다. 온몸으로 저항하는 친구, 시대의 아픔 따윈 관심 없이 자기 일에 열중하는 친구, 열심히 공부만 하는 것도 그렇다고 운동권에 속한 것도 아니면서 세상을 시대를 자신을 비판하며 끝없이 자학하는 친구. 나는 이도 저도 아니면서 늘 고민하기에 바빴다. 앞날을 설계한다는 건 사치라고 여겨질 정도로 한 치 앞도 내다볼 수 없었던 시기였기에 늘 어둔 낯으로 살았다. 그런 상황을 견디기 힘들어하던 몇몇 친구들은 지독한 퇴폐주의에 빠지기도 했다.

그 와중에서도 우리는 눈부신 사랑을 꿈꾸었다. 아니 오히려 더 절실히 사랑에 매달렸는지도 모르겠다. 자석에 끌려가듯 누군가에게 몰두하였고 도피처로 삼으려고 안달하였다. 나에게도 몇 번의 기회가 왔다. 그러나 나는 늘 스스로 쌓은 높디높은 성안에 칩거했다. 상대방이 궁금하기도 했지만 언제나 단단히 잠긴 문틈으로 내다보는 정도였다. 더러는 짧게 더러는 꽤 오랜 기간 동안 내 곁을 서성거린 이들도 있었는데 누군가에게 마음을 여는 것이 왜 그리 힘들었는지.

그럴 즈음 아는 분의 소개로 지금의 남편을 만났다. 처음 만났을 때의 인상은 밤톨처럼 단단한 모습이었다. 초롱한 눈빛, 예의바른 태도, 단정한 옷차림……. 그러나 나와는 전혀 어울릴 것 같지 않아 보였다. 지나치게 어른냄새가 풍겼다. 소개를 한 분이 절친한 친구라며 적극 권유한 탓에 나오긴 했지만 빨리 그 자리를 벗어나고 싶었다.

그렇게 만난 우리는 기껏 한 달에 한 번쯤 만났고, 그렇게 열 달을 보낸 후 결혼을 했다. 아무런 조건 없이 오직 그의 사람됨을 보고 선택한 나와는 달리 그는 내 호적은 물론 직장에서의 평판, 심지어 고등학교 성적표까지 세세히 조사를 마친 후에 청혼했음을 나중에서야 알았다. 그런 절차를 거쳐 검증한 사실들이 원만한 결혼생활에 얼마나 기여를 했는지는 알 수 없지만 그가 얼마나 치밀한 사람이었는지 짐작할 수 있었다.

그러나 아무리 구석구석 헤집고 다니며 내 뒷조사(?)를 하였어도 정작 중요한 사항을 그는 미처 알아내지 못했다. 7, 8시간 동안 고속버스에 시달리며 만나러 와도 늘 미적지근하게 대하던 내가 왜 그렇게 급작스럽게 결혼을 결심하게 되었는지. 이제서야 밝히지만 그 당시 나는 더 이상 도망갈 수 없는 코너에 몰린 심정이었다. 나를 둘러싸고 있는 모든 여건에 숨막혔다. 어디로든 도망가고 싶은 마음뿐이었다. 아무것도 나를 구원해내지 못하리라는 패배감에 사로잡혀 있던 시기에 그가 나타난 것이었다. 나는 그의 등 뒤에 숨기로 했다.

그는 돌이다.

바라보기만 해도 움츠러들 정도로 커다란 바위가 아니라 내가 기대기에 알맞은 크기의 돌이다. 나는 그 돌에 기대어 일생을 살아간다. 때론 밀어내듯 까칠한 돌기로 나를 찔러대기도 하지만 대부분 고스란히 내 무게를 감당해준다. 좀처럼 변하지 않는 것이 돌이라지만 그는 정말 한결같은 모습으로 그 자리에 있다. 나만 이러니저러니 트집을 잡는다. 살갑게 달래주고 끌어당기는 맛은 없지만 태풍이 불어도 요지부동인 자세로 일관하는, 작지만 단단한 돌 앞에서 나는 늘 의기양양하다.

서울을 떠나서 살아본 적이 없는 나를 신접살림 차린 부산에 데려다 놓고 불안한 마음이 들었던 것일까. 결혼한 지 1년 뒤 첫아기를 낳은 다음날 출근하면서 하는 말이 걸작이었다.

"이제 안심이다."

아기 때문에 이젠 날아갈 수 없으리라는 생각에서 무심코 나온 말이었다. 하긴 나는 그의 등 뒤에 숨어서도 더 깊은 곳으로 도망갈 궁리만 했다. 더 이상 내가 숨을 곳이 없다는 사실을 결혼한 지 5년이 지나서야 깨닫게 되었으니 나의 음모는 집요하고 그만큼 간절했던 것이다. 언제쯤 그토록 나를 몰아대었던 것에 대해 주저하지 않고 다 말할 수 있을까?

그는 돌이다.

30년을 부딪치며 사느라 거친 표면이 제법 매끄러워졌다. 이젠 내 등의 굴곡에 맞게 다듬어져서 그에게 기대앉으면 세상에서 가장 편안한 자세가 된다. 마주 앉는 것보다 서로 등 기대고 앉아 버텨주고 체온을 느끼는 것이 더 좋은 나이가 된 것일까. 야생화처럼 작은 바람에도 곧잘 팔락이던 나도 어느새 그의 옆에 묵직이 자리잡고 앉은 또 하나의 돌이 되었다.

시소

예나 지금이나 초등학교 운동장 한귀퉁이엔 모래가 깔려 있고 운동을 겸한 놀이기구가 올망졸망 놓여 있다. 평소엔 아이들이 많아 숫기 없던 나는 철봉대 하나 마음놓고 차지할 수 없지만 수업이 다 끝나고 아이들이 우르르 집으로 몰려가면 흔들거리는 그네 하나쯤 내 몫이 될 수 있었다. 학교 가까이 집이 있는 아이들은 가방을 놓고 다시 학교로 몰려들었다. 집 부근에 변변한 놀이터가 없는 탓도 있었겠지만 휑하니 넓은 운동장에서 마음껏 뛰어다니며 술래잡기를 하거나 땅따먹기를 하는 맛이 그만이었기에 틈만 나면 운동장을 들락거렸다.

가장 먼저 달려가는 곳은 역시 그네였다. 서너 개밖에 안 되는, 그나마 한두 개는 줄이 끊어져 사용할 수 없는 것이어서 빈 그네를 만나기란 쉽지 않았다. 그네에 올라서서 힘차게 구르며 공중으로 솟구쳐 올라갈 때 온몸에 짜릿하게 감겨오는 기분을 뭐라 표현할까.

그네 위에서 신나게 흔들거리다 제풀에 지치면 시소로 발을 옮겼다. 어쩌다 비슷한 체구의 친구가 있으면 이쪽저쪽 나누어 앉아 올라갔다 내려갔다 엉덩방아를 찧으며 흥겹게 덜컹거렸다. 그런데 나와 몸무게가 엇비슷한 친구를 만나기란 쉽지 않았다. 늘 한쪽이 기울었다. 그럴 땐 누가 가르쳐주지 않았는데도 조금 앞당겨 앉거나 뒤로 주춤주춤 물러나 앉았다. 그러다 보면 시소가 수평을 유지하는 지점을 발견하게 된다. 바로 그 자리에 앉아 발을 살짝 구르면 허공으로 번쩍 들리고, 반대쪽 아이가 발을 차고 오르면 내편이 땅에 쿵 부딪친다. 그렇게 한바탕 쿵쿵거리며 놀다 상대편 아이가 훌쩍 가버리면 바람 빠진 공처럼 풀썩 주저앉아 아무리 힘주어 굴러도 내가 앉은 자리는 절대로 솟아오르지 않았다. 맞받아주는 힘이 없는 시소 타기처럼 싱거운 일이 또 있을까. 시소를 타고 오르락내리락하면서 어린 우리들은 힘의 균형, 그 조화로움을 저절로 터득하게 되었던 것이다.

어렸을 때부터 친하게 지내던 친구가 하나 있었다. 남달리 영특하고 일 처리가 깔끔하여 서로 죽이 잘 맞았다. 찰떡처럼 늘 붙어 다닐 정도로 가까운 우리 사이에도 가끔씩 미묘한 기류가 흘렀다. 시험 결과가 발표되거나 등위가 결정되는 사소한 시합에서 앞서거니 뒤서거니 서로의 자리가 뒤바뀔 때 혼자

터덜거리며 집에 갈 때가 종종 있었다. 때론 친구를 눌렀다는 쾌감에 어깨가 들썩거리기도 했고, 때론 친구에게 졌다는 열패감에 어깨가 축 처지기도 했지만 오래가진 않았다. 하룻밤 자고 나면 다시 그 친구네 집 대문을 두드려 나란히 어깨를 맞대고 종알종알 못다 한 이야기로 등굣길을 수놓았다.

한쪽이 크게 뒤지는 것이 별로 없어 우린 사이좋은 관계를 꽤 오래도록 유지할 수 있었던 것 같다. 생김새나 키도 엇비슷하고 맡은 일은 무슨 일이 있더라도 꼭 해내는 성격까지 닮아서 많은 시간을 함께 보내도 지루한 줄 몰랐다.

그랬던 친구가 저 세상으로 갔다. 폐렴이라더니 너무 쉽게 가버렸다. 함께 신나게 놀다가 재미없다며 저 혼자 다른 놀잇감을 찾아가 버린 것처럼. 남아 있는 나는 온몸에 맥이 다 빠져버린다. 아무리 들썩거려도 올라갈 기미가 전혀 없는, 탄력 잃은 시소에 매달려 있는 꼴이다. 시소를 타며 서로의 입장이 되어보기도 하고, 늘 새로운 것을 익히려 애쓰는 모습으로 나를 긴장시키기도 하던 친구였는데 다시는 내 앞에 그만 한 중량감으로 마주앉을 사람이 나타날 것 같지 않다.

모두들 깊은 잠에 들 시간 슬그머니 집을 나섰다. 한낮의 떠들썩했던 놀이터에 달빛만이 고요히 머물러 있다. 친구의 돌연한 죽음이 믿어지지 않아 장례식에서도 별로 눈물이 나오지 않았는데 한구석에 기우뚱하니 놓여 있는 시소에 앉아 맞은편의 빈자리를 보는 순간 친구의 부재不在가 확실하게 다가왔다. 그제서야 나는 아무도 없는 깜깜한 놀이터 한구석에서 마음놓고 울었다.

우는 방

중국 난징의 한 호텔에 '마음껏 우는 방'이 등장했답니다. 세상살이에 지친 이들이 마음놓고 울 수 있는 공간을 마련하였는데, 여성들이 많이 이용하는 편이지만 의외로 사회적 지위가 높은 남자들도 찾아온다고 합니다. 그들은 주로 타 지역에서 찾아오는데 아무래도 아는 사람 만날까 봐 그러는 듯싶습니다. 온갖 스트레스에 지친 마음을 마냥 풀어놓고, 울다가 감정이 격해지면 화풀이하라고 유리잔도 잔뜩 가져다 놓았다니 기발한 상술에 감탄을 합니다.

사막 같은 세상을 살다보면 엉엉 소리 내어 울고 싶을 때가 한두 번이 아닙니다. 하지만 다 큰 어른이 아무 데서나 울 수 있나요. 특히 '사내대장부는 쉽게 눈물을 보여서는 안 된다.'는 말을 어릴 때부터 귀 따갑게 들어온 남자들은 터져나오는 울음을 억지로 삼키느라 목울대가 그렇게 튀어나왔는지도 모릅니다.

환갑이 지난 오라버니의 눈물을 본 적이 있습니다. 오래전, 아버지가 병에 걸려 오래 사시지 못한다는 통고를 의사에게 듣고 온 날이었습니다. 깊이 가라앉은 목소리로 그 사실을 가족에게 알리곤 이내 마당으로 나간 오라버니는 남산이 바라다 보이는 장독대 곁에 오래도록 서 있었습니다. 청천벽력 같은 그 말이 전혀 실감나지 않았는데, 마당에 서 있는 오라버니의 완강한 등이 들썩이는 것을 보며 그만 땅바닥에 주저앉았습니다. 백 마디, 천 마디 말보다 소리 내지 않고 우느라 흔들리는 뒷모습이 더 확실하게 사실을 확인시켜 준 것입니다. 아버지가 병환 중일 때부터 실제 가장노릇을 해온 오라버니의 그 고독한 뒷모습이 삼십 년이 지난 지금도 생생합니다. 그날 저녁, 서로들 한 마디도 못하였던 가족들 모습과 어둠 속으로 잠겨들던 장독대 풍경이 떠오르면 지금도 가슴이 에이면서 눈가에 이슬이 맺힙니다. 슬픈 소식을 전해 듣는 사람보다 하는 사람이 더 큰 고통을 느낀다는 사실을 그때 알았습니다.

세계적으로 이름난 건축가 가우디가 집을 지을 때 '우는 방'을 만들었다는 이야기를 들은 적이 있습니다. 독창성이 뛰어난 가우디의 많은 건축물 중에서 '우는 방'이 가장 보고 싶습니다. 그런 방을 만들 생각을 해낸 것만으로도 가우디는 위대한 건축가임이 분명합니다. '기도하는 방'처럼 '우는 방' 역시 정화의 공간이 될 것입니다. 어른이 되면서 쇠 덮개로 단단히 덮어놓은 눈물샘이 '우는 방'에서 만큼은 마음껏 터져나오겠지요. 실컷 울다 보면 엄청난 무게의 짐이 어느새 작아진 듯 여겨질 때도 있습니다. 복잡하게 엉켜 있던 실타래가 풀릴 기미가 보이기도 하고, 도저히 용서할 수 없을 것만 같은 목까지 차오르던 원망이 어느 결에 발밑으로 내려가 있기도 합니다.

생각해보면 내게도 '우는 방'이 있었습니다. 어릴 때 살던 집 다락방은 아무도 올라오지 않는 나만의 비밀장소였습니다. 속상한 일이 생기면 다락방에 올라 이불 속에 얼굴 묻고는 한참을 울곤 했습니다. 그러다 제풀에 지치면 언제 울었냐는 듯 툭툭 털고 아무 일도 없었다는 듯 말짱한 얼굴로 내려왔습니다.

아! 눈물 자국이 번진 내 작은 베개가 너무도 그립습니다. 빨강색 베갯모에 나비와 모란이 수놓아져 있던 그 작은 베개가 없어 지금 나는 울고 싶어도 울 수가 없나 봅니다.

다락방 그 어둑한 공간이 있었기에 지금도 이렇게 환한 세상에서 자신감 넘치는 걸음으로 활보하며 살아가고 있는지도 모릅니다. 언제 어디서든, 어떠한 이유로든 가슴이 울음으로 가득 찰 때 숨어들 수 있는 공간을 만들어보는 건 어떨까요? 누구의 방해도 받지 않고 마음껏 설움을 토해낼 수 있는 지상의 작은 방 한 칸 그대에게 선물하고 싶은 날입니다.

갓

마을버스에서 한 노인을 만났다. 사라진 풍물사진첩에서 방금 걸어 나온 듯 까만 뿔테의 동그란 돋보기 안경을 쓰고 흰 두루마기에 갓을 쓴 노인이었다. 수염까지 길러 옛 선조들의 모습을 고스란히 간직하고 계셨다. 마을버스에 탈 때부터 그분의 걸음은 유유한 팔자걸음이었다. 차가 도착하기 무섭게 재빨리 올라타는 다른 승객들에 비해 그분은 기사에게 행선지를 재차 확인하며 느릿느릿 차에 올랐다. 그분이 채 오르기도 전에 성미 급한 기사가 차를 출발시킬까 봐 마음이 조마조마할 정도였다. 30여 명 가까운 승객들이 차에 오르던 시간과 그분이 차를 타는 데 걸린 시간이 거의 맞먹었다. 그 노인이 차에 올라 양보받은 자리에 앉을 때까지 기사는 용케도 기다려 주었다. 노인의 갓은 겨우 형태만을 갖춘 것이었다. 양태도 매우 작고 성글게 짜서 갓이라 부르기엔 민망할 정도로 어설퍼 보였다.

갓은 조선시대 때부터 쓰기 시작했던 우리나라의 대표적인 관모였다. 몇 년 전 갓 만드는 공정을 가까이서 지켜본 적이 있었다. 갓은 대나무 껍질을 실같이 가늘게 쪼개어 만든다. 작은 두레상처럼 생긴 양태판에 머리카락같이 가는 대올을 햇살처럼 둥글게 펴놓고 돌림줄로 돌려 차양 부분인 양태를 엮는다. 상품上品은 양태판에 깔아놓은 대올이 360여 날, 돌림줄은 100줄 가까이 된다고 하니 얼마나 섬세한 공정인지 짐작조차 되질 않는다. 잘 보이지도 않는 대올을 두 날씩 떼어가며 돌림줄로 엮어가는 재바른 손놀림이 지금도 눈에 보이는 듯하다.

머리가 들어가는 부분인 갓대우는 유연한 말총이나 쇠꼬리털로 만들었다. 양태와 갓대우를 조립해 갓을 완성하는 일을 갓 모으기라고 한다. 만들어진 것을 쪄내고 아교풀을 칠하여 말리고, 먹칠하여 옻칠을 입히고, 명주를 입혀 말린 다음 인두로 마무리하는 모든 과정은 정신을 한곳으로 집중시키지 않으면 도저히 해낼 수 없는 작업들이다. 아교풀이나 옻칠을 할 때 구멍이 막히지 않도록 입김으로 불어대는 건 갓에 혼을 불어넣는 일에 다름 아니다. 만드는 데 오랜 시간과 정성이 들어야 하니 값이 비싸고, 많은 값을 치르고 구입한 물건이니 평생 동안 소중하게 다루었다.

갓이 지니고 있는 멋스러움은 두둑하게 휘어잡은 양태의 느슨한 곡선에 있다. 이 양태의 넓이가 한때는 75㎝에 달하였다고 한다. 그런 갓을 쓰면 책상다리로 앉은자리를 뒤덮을 정도여서 한옥의 좁은 방에서는 세 사람이 앉을 수 없었다든가, 갓 쓴 채로 겸상을 하지 못했다는 일화를 남기고 있다.

갓을 만드는 데 가장 중요한 일은 트집 잡는 일이다. 양태를 인두로 지져서 오그라지도록 휘어잡는 것을 트집 잡기라고 하는데 우리가 흔히 쓰는 '남의 조그만 흠집을 꼬집어 공연히 귀찮게 군다.'는 트집 잡다의 어원語原이 갓 만들기에서 시작된 것은 아닐까 짐작해본다. 인두가 너무 뜨거우면 자칫 대올이 타고마니 적당한 온도로 유지하는 것이 중요하다. 차양이 너무 평면으로 뻗어도, 지나치게 오그라들어도 모양이 좋지 않으니 고도의 숙련을 요하는 작업이다. 부드럽고 수굿한 곡선을 이루어내는 양태의 모양새가 되려면 트집 잡기를 잘해야 한다.

그런데 멋들어진 갓을 쓰고 앉아 쓸데없는 트집 잡기로 일생을 보낸 선조들은 또 얼마나 많았던가. 자신이 속한 집단의 이익 때문에 당쟁을 일삼던 이들로 인해 우리의 역사는 얼마나 흔들렸는지. 이제는 사라져가는 갓이지만 제대로의 트집 잡기는 계승되어야 한다. 지나치게 오만하여 쳐들리거나 비굴하여 우그러들지 말고 알맞게 트집 잡아 완만한 곡선을 이루듯, 모든 사람들이 겸손한 자세로 남을 존중해준다면 제대로 만들어진 양태처럼 아름다운 사회가 될 것이다.

매미날개처럼 화사하고 날렵한 검은 갓은 넉넉한 품의 흰

도포와 멋진 조화를 이룬다. 예의와 체면을 중시한 선비들의 올곧은 정신은 은은한 윤기를 발하면서도 빳빳한 갓처럼 기개를 굽히지 않는 것으로 대변된다. 실상 갓은 매우 가벼운데 일단 머리에 자리잡으면 그때부터는 저울로 잴 수 없는 무게로 다가온다. 정론政論을 논하다 행여 회유나 불의不義의 말을 들으면 바람 소리 나게 소맷자락 뿌리치며 단호히 떨쳐 일어나던 꼿꼿한 선비의 표상이 바로 갓이 아니던가. 길이 아니면 가지를 말고, 말 같지 않은 말은 듣지 않겠노라는 대쪽 같은 성품을 지닌 선조들 덕택에 수많은 난국을 헤치고 오천 년 동안이나 나라를 이루어왔는지도 모른다.

단발령이 내려지자 기다렸다는 듯 갓을 벗어던지고 상투를 자르며 친일행각에 앞장섰던 사람들은 애초부터 갓을 쓸 자격이 없는 자들이었다. 그런 식으로 시류時流에 휩쓸려 대의大義를 거스른 사람들이 오히려 나라 일을 놓고 비분강개하는 모습은 차라리 희극적이다.

나라의 임금이라도 옳지 않은 길을 갈 때에는 목숨을 내어놓고 상소문을 올리며 준열히 나무라던 얼음같이 냉철한 선비정신이 그립다. 때론 지나치게 강직하여 융통성이나 유연성 없음을 비난하기도 했지만 이합집산을 떡 먹듯 해대는 작금의 정치인들을 보노라면 차라리 부러질지언정 자신의 뜻을 굽히지 않았던 옛 선비들의 고집스러움이 새록새록 그리워진다.

차에서 내릴 때까지 갓 쓴 노인에게 깍듯이 예우를 해드린 기사처럼, 강요하지 않아도 절로 존경하는 마음이 우러나오도록 품격을 갖춘 고결한 선비를 만나고 싶다. 은둔하는 것만이 능사가 아니다. 나서야 할 때 분연히 떨치고 일어나서 굽은 길을 바로 잡으려 온 힘을 다하는 사람이 나타난다면 세모시 짜던 어머니 손길이라도 빌려 정성껏 갓을 만들어 올릴 텐데…….

나를 지키고 나라를 지켜내는 힘은 자존自尊에서 나오고 그 자존의 상징이 우리에겐 바로 갓이 아니었을까? 비록 갓은 사라졌지만 갓이 품고 있던 깨어 있는 정신은 갈수록 푸르게 빛나길 바라는 마음 간절하다.

4부

모시 한 감

오랜 글벗이 모시옷감을 내게 주었다. 적삼 하나 정도는 만들 수 있는 크기였다. 무엇이든 주고 싶어하는 그분의 집에 가면 수십 번은 사양을 해야 한다. 친정어머니처럼 보따리 보따리 안겨 보내려고 쉴새없이 집안을 휘적여서 마음대로 놀러 가지도 못한다.

이번에 내게 준 옷감은 고운 세모시다. 그것도 시장에서 산 물건이 아니라 친정어머니께서 직접 짠 것이란다. 젖빛 결 고운 모시 한 감을 반으로 뚝 잘라 종이에 곱게 싸서 건네준 것이다.

"이번 여름에 모시적삼 하나씩 해 입어요."

옷감에 가위를 댈 때부터 극구 만류했는데 그분은 조금도 망설임없이 어머니의 손길이 올올이 스며 있는 그 귀한 옷감을 싹둑 잘랐다. 옷감이 든 봉투를 가슴에 안고 집에 오며 아릿한 그리움에 내내 가슴이 설레었다.

여름이면 어머니는 빳빳이 풀을 먹여 손다듬이한 모시적삼을 입으셨다. 어머니의 모시적삼에서는 늘 젖내가 났다. 내가 네 살 되던 해에 동생이 태어났다. 아직도 어머니의 젖을 만지고 놀 나이에 동생에게 내 자리를 빼앗기고 만 것이다. 아무것도 모르는 나이였을 텐데 어머니의 관심과 사랑을 빼앗겼다고 느꼈던가 보다. 포대기에 싸인 채 어머니 곁에 누워 있는 갓난아기를 밟고 다녔던 기억이 있는 걸 보면 톡톡히 심술이 난 게 분명했다.

동생이 태어나면서부터 어머니 옆자리는 내 차지가 아니었다. 어머니 젖을 만지지도 못했다. 무언가 아주 중요한 것을 잃어버린 듯한 허전함과 서운함 때문에 가까이 가지도 못하고 늘 어머니 주위만 빙빙 맴돌았다. 어머니에게서 나는 젖 냄새, 설명할 수 없는 안타까움.

봄에 태어난 동생은 여름 내내 어머니 젖을 물고 살았다. 어쩌다 때를 놓쳐 젖이 퉁퉁 불면 방울방울 흘러내리는 게 모시적삼 사이로 보였다. 노르스름한 젖이 모시적삼에 묻어 있던 어머니의 그 곱고도 미운 모습. 아스라히 기억되는 어릴 적의 삽화다.

모시옷감을 만지작거리며 여름을 다 보냈다. 아무리 생각해도 이리저리 가위질하며 덜렁 적삼을 만들어 입을 수가 없었다. 수많은 과정을 거쳐 실을 자아내고, 베틀에 앉아 어깨 결려 가며 짠 귀한 옷감, 딸에게 오로지 한 감 남겨주신 어머니의 유품을 선뜻 내어준 그분의 다함 없는 사랑. 몇 번을 망설이다 한지에 곱게 싸서 장롱 깊은 곳에 넣어두었다. 이 다음에 딸이 시집갈 때에 그 옷감을 장롱 속에 넣어 보내리라. 손으로 직접 짠 모시를 보기가 쉽지 않을 그때, 만드는 과정이 복잡하고 힘들어 귀한 물건이기도 하지만 그보다 더 소중한 건 자신이 지니고 있는 것 중에서 가장 아끼는 것을 나누어 줄줄 아는 엄마 친구의 마음을 이야기해 줄 것이다. 그 마음까지 혼수로 얹어주고 싶다.

여자의 삶은 나누는 것을 배우면서 시작한다. 결혼한 그날부터 나누기를 강요당하는 여자의 일생. 남편과 시댁과 친정을 두루 살피며 손길을 보태고 마음을 써주어야 하는 어려운 길을 나서는 딸에게 받는 것도 즐겁지만 주는 기쁨도 만만치 않다는 걸 말해주리라. 받아야 하는 처지보다 나눌 수 있는 위치에 있다는 것이 얼마나 다행한 일인가.

가끔씩 인색한 나를 발견하면 슬그머니 장롱 속에서 깊은 잠을 자고 있는 모시옷감을 꺼낸다. 조심스레 모시를 펼쳐놓곤 손바닥으로 가만히 쓸어본다. 어떤 도덕책보다도 많은 가르침을 주는, 글벗의 정이 생생히 살아 숨쉬는 모시옷감이다.

공항 전망대

비가 오는 날은 공항 전망대에 나서볼 일이다. 떠나는 자의 애틋함과 돌아오는 이의 안도감이 빚어내는 마음무늬로 인해 공항은 언제나 들떠 있다. 정을 나누던 이들을 떠나보내고 때론 맞이하러 공항에 나갈 때마다 나는 일탈의 강한 충동을 느낀다. 낯선 타국으로 향하는 비행기에 성큼 몸을 실어버리고픈 갈망에 전율한다.

작년 여름부터 공항으로의 발길이 잦아졌다. 지방으로 발령이 난 남편이 토요일마다 비행기를 이용해 귀가하기에 마중하러 나오느라 그리된 것이다. 길이 막힐까 봐 서둘러 집을 나서는데, 의외로 소통이 잘 되는 날은 너무 일찍 도착하여 대합실에서 한참을 기다려야 한다.

그날도 일찍 공항에 도착했다. 빽빽한 인파 속에서 앉을 자리 하나 찾기가 쉬운 일이 아니었다. 둘레둘레 주위를 살피다 건물 동쪽 벽에 붙어 있는 '공항 전망대'란 글씨를 보았다. 전망대? 그 낱말은 내 발걸음을 끌어당겼다. 화살표를 따라 전망대를 찾아 나섰다. 6층까지 가는 데 엘리베이터도 없었다. 계단과 로비 한귀퉁이를 거쳐 다시 계단으로 이어지는 전망대 오르는 길은 숨을 가쁘게 했다. 회색 철문을 들어서는 순간 커다란 홀 전면이 유리창으로 되어 있어 비행장이 한눈에 그대로 들어왔다. 등받이 없는 의자가 일렬로 놓여 있었다. 생각보다 한적한 그곳에 들어서서 밖을 향하고 앉았다. 나란히 줄맞춰 서 있는 비행기들이 비를 고스란히 맞고 서 있었다. 비행기가 마치 날개 접고 둥지에 앉아 있는 새처럼 보였다. 그 모습을 보니 이상하게 마음이 가라앉았다.

하늘과 구름 빛을 닮은 우리나라 비행기들 사이로 이국異國의 비행기들이 바삐 오간다. 몇 분 사이로 계속 비행기가 뜨는 모습을 지켜보고 있으려니 신기하게도 서서히 긴장이 풀린다. 잔뜩 조였던 나사가 헐거워지듯 분주했던 심신이 느슨해진다. 그리곤 허공에서 불안스레 허둥거리던 마음이 땅에 발을 디디듯 안온해진다. 복잡한 이륙 절차를 마치고 목적지를 향해 날아오르는 비행기는 얼마나 아름다운가.

비행기가 이륙할 때마다 마음 한 자락씩 얹어본다. 마음 시리게 한 이들 하나씩 실어 떠나보내고, 그리운 이들은 손을 잡고 함께 트랩을 오르기도 한다. 사람 발길 뜸한 곳엔 비행기가 그냥 지나칠까? 정작 내가 가고 싶은 곳은 장엄하게 지는 노을이 광활하게 펼쳐진 모래언덕을 부드러운 곡선으로 그려내는 사하라사막이나 하늘이 안 보이도록 숲이 우거진 아마존의 정글 속이다. 그곳에선 시간이나 유한한 생명쯤은 의식하지 않아도 좋을 테니까. 때로는 버뮤다에도 가고 싶고, 블랙홀에 빠지고도 싶다. 지금과 차원이 다른 세계로의 공간이동이 가능하다면 난 주저없이 정체불명의 우주선에라도 오를 것이다. 실종된 수백만 개의 위성으로 구성되었다는 제2의 우주로 날 데려다줄지도 모르는 일 아닌가. 그곳에서 새로운 탄생을 맞이한다면 그보다 멋진 일이 세상에 또 있을까.

또 하나의 비행기가 유선형의 몸을 천천히 돌리며 선회하다 활주로 끝에 선다. 비행표지등을 깜박거리며 관제탑의 지시를 기다린다. 서서히 움직이다 속도를 내어 달린다. 멀리뛰기 선수가 구름판을 차고 공중을 내달리듯 바퀴가 들리며 사선으로 나르는가 싶더니 빨려 들어가듯 이내 구름 속으로 사위를 감춘다.

삶과 죽음도 저렇게 나뉘어지는가. 지금 이렇게 땅 위엔 비가 쏟아져 내려도 구름 속을 뚫고 올라가면 그곳엔 본연의 푸른 하늘빛이 눈부시게 존재하고 있음을 비행기를 타본 이들은 알고 있다. 두터운 구름층은 육체와 영혼을 분리해내는 기능이라도 가진 걸까. 보이는 삶과 가려진 죽음 이후의 세계를 상징적으로 보여주고 있는 비행기의 운행. 구름 속으로 들어가 보이지 않을 뿐 비행기는 여전히 창공을 날고 있는 것이다.

육신을 입고 잠시 이승에 살다 누에가 허물 벗듯 육신에서 영혼만이 빠져나와 빛의 세계에 다다르면 고통과 어둠 없는 그곳에서 영원한 생명을 누리게 되는 건 아닐까. 그렇다면 죽음으로 갈라지는 우리들의 인연을 그토록 애통해하지 않아도 될 텐데…….

공항에 올 때마다 철새 도래지를 연상한다는 친구가 있다. 영원히 돌아오지 않을 듯 매몰차게 떠나가도 어느 곳에선가 회귀점을 발견하게 될 것이고, 결국은 태 묻은 곳으로 돌아오고야 마는 귀소성을 말하고 싶은 것이리라.

공항은 떠나고 돌아오는 삶의 역사驛舍이다. 새로운 비상을 꿈꾸는 자들의 도약대다. 오랜 항해 끝에 지친 몸을 이끌고 돌아오는 사람들의 쉼터이다. 그곳에선 개선장군도 패잔병도 같은 대열에 선다. 하늘이 까맣게 덮이도록 날갯짓하며 떠나고 돌아오는 철새들의 습성을 닮은 너와 나, 우리는 결국 단단한 대지大地를 밟기 위해 멀고 먼 고단한 여행을 하는 건 아닐지.

드넓은 공항 가운데에서도 전망대는 그리움을 잉태하고 풀어내는 공간이다. 보고 싶어도 쉽게 만날 수 없거나 그리움이 목에까지 차 올라 더 이상 참아낼 수 없는 사람은 공항 전망대에 나서 보라. 그곳은 보고픈 이를 불러올 수도, 그리운 이에게 다가갈 수도 있게 해주는 마음의 통로를 그대에게 선사할 것이다. 당신의 그리움을 다스려줄 수 있는 공간은 세상에서 오직 그곳뿐이다.

천지가 미세한 물방울로 가득 차 있는 비 내리는 토요일 오후. 습기 머금어 출렁이는 가슴속 음률이 전망대 유리창에 빗방울 음표 되어 뿌려진다. 잠자고 있는 비행기 날개에 낱말 하나 적힌 왼손을 얹는다. 나의 간구를 실은 비행기는 언젠가는 해답을 갖고 제자리로 다시 돌아올 것이다. 그때 나는 또각또각 경쾌한 걸음으로 전망대에 다시 오를 것이다.

새벽 운동장

운동장에는 길이 없다. 그냥 맨땅이 널따랗게 놓여있을 뿐이다. 교문을 들어서면 어디로든 갈 수 있다. 어느 방향이든 환히 열려 있고 누구든 그곳에서 한바탕 뒹굴 수 있다. 그런 운동장에 나도 한 발 밀어넣었다.

새벽에 달리기를 시작한 지 꽤 되었다. 한때는 지리산도 거뜬히 넘을 정도로 체력이 단단했었는데 언제부터인가 조금만 걸어도 힘이 부치기 시작했다. 나도 모르게 몸의 기능이 현저히 저하된 걸 보고 의사는 심각한 표정으로 운동을 권유했다. 아니 그건 권유가 아니라 당장 시작하라는 명령이었다. 워낙 산을 좋아해 집을 구할 때도 학군學群보다 주위에 산이 있나 먼저 살폈던 나였는데 이젠 누가 등산을 하자고 하면 빠질 궁리부터 하게 되었으니 체력이 바닥난 게 분명했다.

아직 어린 딸의 친정어머니 노릇을 제대로 해주려면 팔팔하게 살아야지. 일찍 세상을 뜨시는 바람에 아버지 없이 결혼한 나는 서러움을 톡톡히 겪었다. 무슨 일이 있더라도 아이가 결혼할 때까지는 살아 있겠다고 성스러운 결혼식 날 아침 입술을 깨물고 비장한 다짐을 했다. 글쎄 그것이 내 맘대로 될 일이 아니라는 것쯤은 이미 알고 있었지만 어쨌든 마음속으로 나는 오래 살아야겠다고 보이지 않는 신에게 바락바락 우겨댔다. 달리기를 시작하게 된 동기를 들은 한 친구가 그렇게 깊은 뜻이? 하고 놀라는 척했지만 나름대론 심각했다.

마침 집 앞에 초등학교가 있어서 쉽게 운동할 곳을 찾았다. 처음 운동장에 간 날은 아무도 없었다. 겨울이어서 그랬나. 텅 빈 공간이 무심히 놓여 있었다. 너무나 조용하여 발자국 소리 내는 것마저 괜히 조심스러웠다. 걸음을 뗄 때마다 운동장 가에 줄지어 서 있는 나무들이 하나씩 잠에서 깨어나 눈을 뜨는 듯했다. 맨손체조를 하고는 운동장 한 바퀴를 돌았다. 숨이 턱에까지 차올라 도저히 더 뛸 수 없었다. 한참을 헉헉대다 그냥 집으로 돌아왔다.

그렇게 시작한 달리기가 지금은 8바퀴 정도는 단숨에 달린다. 내가 뛰는 것을 보고 한두 사람씩 늘어나더니 이제는 운동장이 심심하지 않을 정도로 사람들이 새벽 운동하러 나온다. 운동하는 모습도 사람마다 어쩜 그리 다른지. 구경하는 것도 재미있다.

한 청년은 오자마자 냅다 달리기 시작한다. 준비운동도 하지 않는다. 달리는 코스도 비교적 짧게 운동장 가운데로 잡고 두세 바퀴 후다닥 뛰고는 사라진다. 느긋하게 달릴 시간이 없는 건지 애초부터 길게 달릴 마음이 없는 건지는 잘 모르겠지만 무엇이든 빨리 이루고 싶은 마음이 금방 드러나는 젊은이다. 날마다 꾸준히 나오는 것도 아니다. 일주일에 한두 번 나올까? 그의 다리 근육이 불끈거리는 걸 보면 운동하러 나온 사람들 중에 가장 힘이 좋을 듯싶은데 조급함이 느껴져 보는 사람까지 마음이 바빠진다.

50대 후반쯤으로 보이는 아저씨는 그래도 제법 오래 운동하러 나오는 분이다. 대부분 운동을 시작한 지 일주일 안에 그만두는데 그분만은 어느새 한 달이 다 되어간다. 그분은 앞의 청년과는 반대로 학교 담장에 딱 붙어 달린다. 가장 긴 코스를 정해놓고는 그 길로만 달리려니 반 정도는 시멘트 길로 달려야 한다. 누가 뭐라 하지 않는데도 스스로 정한 계율을 절대 어기지 않는다. 저 분은 평생을 저렇게 우직한 모습으로 살아왔을 것이다. 이왕 운동을 하러 나왔으면 흙을 밟아야 좋을 텐데……. 어느 할머니가 고마운 충고를 해주었다. 그런데도 여전히 처음 정한 길로만 고집스럽게 달린다.

한참 달리다 보면 휙 앞질러 가는 사람도 있고, 내 뒤를 바짝 따라붙어 달리는 사람도 있다. 처음엔 앞지르는 사람을 보면 지지 않으려고 속도를 내었다. 그러다 보면 호흡이 흐트러져 그날의 운동량을 채우지 못하고 만다. 가장 힘들게 하는 것은 계속 내 뒤를 쫓아 달리는 사람이다. 그의 발자국 소리만큼 나를 긴장시키는 일은 없다. 평상시의 보폭을 유지하는 것이 그럴 땐 참 힘들다. 아무도 없었을 때는 계획대로 잘 해나가는데 누군가 나하고 경쟁하듯 앞서거니 뒤서거니 하며 주위를 맴돌면 발걸음이 평정을 잃기 쉽다. 주위를 의식하지 않고 평상대로 속도를 유지하는 것이 가장 필요하다는 걸 이젠 안다. 조금 앞질러 가는 사람이나 나를 앞세우고 자신의 호흡을 조절하는 사람이나 단지 운동을 하기 위한 것뿐인데 나 혼자 그동안 쓸데없는 안달을 부린 것이다.

처음부터 내내 운동장 한가운데를 직선으로 오가며 거꾸로 달리는 사람도 있고, 아주 가끔씩 태권도 교실의 아이들이 한 무더기 몰려와서 운동장이 좁다 하게 뛰어다니며 축구 시합을 하기도 한다. 그러나 그뿐이다. 수많은 사람들이 다 제각각 운동장에 발자국을 남기고 가시만 나음 사람이 오면 그 위에 또 다른 발자국이 생긴다. 발자국이 겹쳐질 때마다 그만큼 운동장은 다져지고, 더 많은 사람들의 발길이 닿기를 꿈꾸고 있다. 봄날 눈부신 보랏빛 등꽃이 하염없이 흩날리는 것도 지켜보고, 파란 가을 하늘에 화려한 만국기 펄럭이며 활기찬 운동회도 열렸던 운동장.

모든 곳이 길이 되고, 어떤 일이든 수용해 주는 비어 있는 그 넓은 공간. 그리 넓지도 지나치게 좁지도 않은, 내 체력에 알맞은 길을 설정해놓고 급하지 않게 꾸준히 달린다. 운동을 마치고 돌아오면 이내 그곳의 주인인 아이들이 왁자글 모여들어 하루를 신나게 학습하며 뛰어놀 것이다. 서로 부딪치고 넘어지며 씨름하느라 여기저기 패인 자국들도 더러 눈에 뜨일 것이다.

며칠 전, 한밤중에 천둥 번개가 몹시 치고 비가 세차게 내린 다음날 운동장에 갔더니 수없이 많은 발자국이 찍혀 있던 운동장엔 아무런 흔적도 남아 있지 않았다. 그냥 말끔한 얼굴로 텅 비어 있었다.

북소리에게 갈채를

내가 다니는 교회에서 글로리아 오케스트라 초청연주회가 열렸다. 처음 있는 일이라 교인들이 많이 참석하여서 자리잡기가 쉽지 않았다. 2층의 왼쪽 맨 구석자리에 겨우 자리를 잡고 보니 바로 밑에 북을 연주하는 사람이 있었다.

북을 연주하는 모습을 가까이서 지켜보니 아주 흥미로웠다. 큰 북과 작은 북을 나란히 붙여놓은 팀파니를 적절한 기회에 북채로 두드리는데 손놀림이 아주 율동적이었다. 음의 높낮이를 연주할 수 없는 단순한 타악기로만 생각해왔던 북이 의외로 음악에 기운을 불어넣는 역할을 한다는 걸 이번 기회에 생생하게 깨달았다.

신나게 북을 두들겨대던 타악기 주자가 가끔씩 손가락을 북면에 대는 걸 보았다. 울림을 멈추게 하는 동작이었다. 끝까지 울리게 놓아두지 왜 자꾸만 멈추게 하는지 의아하게 여겼다. 그런데 그 궁금증은 금세 풀렸다. 자기 차례가 되어 신나게 두들겨 대다가도 다른 악기의 선율이 살아나야 할 때가 되면 부드러운 울림도 멈추게 하는 것이었다 그 모습에서 남의 자리를 넘보지 않는 겸손함이 느껴졌다. 북채와 손끝이 번갈아가며 북을 울리고 멈추게 하는 모습을 보니 그 신비한 리듬에 온몸이 젖어든다.

지금까지 음악회에 가면 아름다운 선율을 울려내는 현악기나 관악기 연주자에게 박수갈채를 보냈다. 뒤에서 묵묵히 타악기를 다루는 사람들에겐 눈길조차 주지 않았다. 그런데 이번 기회에 타악기 연주자에게 완전히 매혹당하고 말았다.

북은 악기 중에서 가장 오래된 악기이다. 재질은 조금씩 다르지만 세계 어느 곳에서도 북을 만들어 사용했다. 북은 인류 공통의 악기인 셈이다.

북을 사용하는 곳도 다양했다. 짐승을 쫓거나 의식을 거행하고 잔치를 벌일 때 사람들은 북을 앞세웠다. 북소리는 사람을 흥분시킨다. 그래서 군대가 진군할 때도 북이 먼저 나섰다. 북소리는 영혼까지 유인해내는 힘을 가졌는가. 혼령을 불러내는 주술사도 북을 두드렸다.

속이 비어 있어야 소리가 울려나온다. 짐승의 가죽을 잘 무두질하여 팽팽히 메운 북에선 둥근 소리가 난다. 빠른 박자로 연주하면 심장 박동 수도 빨라진다. 흥이 나고 신이 오른다.

추락하는 새라도 빠른 북소리를 들으면 날개에 힘이 실릴 듯하다. 북에서 나는 소리는 생동하는 느낌을 준다.

한참 두들겨대다 문득 북면에 손끝을 대면 상승하던 리듬은 순식간에 사라지고 정적만 남는다. 호흡마저 멈춘다. 조금만 힘을 가해도 펑 터져버릴 것 같은 팽팽함이 공간을 꽉 채운다. 발끝까지 저려오는 그때의 긴장감이라니…….

몇 년 전 서울에서 아시아 시인대회가 열렸을 때였다. 글벗을 만나러 행사장을 찾은 나는 그곳에서 몇 명의 일본 시인들을 소개받았다. 그들과 함께 간단한 주연에 참석했는데 그곳에 북이 놓여 있었다. 분위기가 점점 무르익어가면서 시흥詩興과 취흥이 도도해질 때쯤 나는 용기를 내어 북채를 손에 쥐었다. 가볍게 북을 쳐보았다. 동굴에서 나는 소리처럼 깊은 울림이 있었다. 부르르 떠는 북면에 손을 가만히 갖다대었다. 북은 온몸으로 울어야 소리가 나오는 운명을 갖고 태어난 가여운 존재였다.

그래. 울어보렴. 속시원히 너의 내밀한 아픔을 토해내보렴.

나는 마구 북을 두들겼다. 처음엔 조용조용히 노래 부르는 사람에게 장단을 맞추다가 알 수 없는 힘에 이끌려 북을 두드려댄 것이다. 반주로 흥을 돋우어주는 역할을 하던 북이 노래까지 삼키곤 돌연 무대 중앙으로 나선 꼴이었다. 짧은 순간이었지만 가슴속이 대나무 속처럼 텅 비어버린 듯했다. 수도관처럼 뚫린 가슴속을 알래스카에서 불어온 바람이 관통을 하고 지나간 듯 서늘함을 느꼈다. 신열에 들떠 있던 몸이 순식간에 냉각되어 갔다. 이럴 수가. 대체 내게 무슨 일이 일어난 거지? 맺힌 한을 풀어내면 이런 기분일까. 남이 알세라 꽁꽁 뭉쳐두었던 매듭들이 어느새 스르르 풀려버린 듯한 시원함을 맛보았다. 북소리는 자신을 내던져 나를 정화시킨 북의 비명은 아니었을까? 비명이라기엔 너무도 통쾌한 소리였는데…….

북소리를 들어만 왔지 직접 북을 쳐본 기억이 없었는데 그날 어떠한 광기가 나를 휩싸고 있었던가 보다. 북소리에 둥둥 떠서 표류하고 있다가 뭍에 안착한 나는 그때서야 비로소 손을 멈추었다. 지금 생각해도 부끄럽지만 그때의 기억을 난 소중히 간직하고 있다. 세상엔 설명할 수 없는 것들이 참 많다는 걸 새삼 느꼈다.

북을 두드릴 때 온몸으로 전해져오는 진동은 피와 합류合流한다. 북 장단에 따라 피돌기가 빨라졌다 느려졌다 한다. 그러다 울림조차 멈추게 하면 순식간에 핏줄이 팽창한다. 한껏 모았다가 일시에 손을 놓으면 둑이 터지듯 장쾌한 흐름에 희열을 느낀다. 더 큰 힘을 발휘하기 위해선 잠시 멈추어야 한다는 걸 북을 연주하는 모습을 보며 다시 일깨운다. 출렁이는 파도와 잔잔한 물결이 북소리에 실려 쏟아져내린다. 오늘 나는 연주되는 모든 음악이 북소리를 통해 해석될 수도 있음을 알았다.

드디어 연주회가 끝났다. 예전처럼 사람들은 지휘자와 가운데 모여선 관현악 주자들에게 갈채를 보낸다. 나는 오로지 타악기 주자만을 위해 손이 부르트도록 박수를 쳤다. 겨우 자리잡은 구석에서 나는 보석을 찾아낸 기쁨을 오롯이 맛보고 있었다.

못을 박다

엄지손가락이 아직도 아프다. 못을 박다 망치로 맞은 탓이다. 그림 한 점 걸려고 벽에 못을 박으려다 그만 손을 찧고 말았다. 벽이 어찌나 단단한지 못이 자꾸만 튕겨나갔다. 못이 튕겨나간 자리마다 구멍이 생기고 망치 자국이 남아 깨끗하던 벽에 보기 싫은 흠집이 생겼다. 어찌어찌하여 겨우 못을 박곤 빠질세라 조심조심 그림을 걸었다. 다행히 보기 흉한 못 자국은 가려졌지만 그렇다고 이미 생긴 흔적이 사라진 건 아니니 내심 찜찜하다. 그림을 볼 때마다 가려진 못 자국에 자꾸만 신경이 쓰인다.

어렸을 적에 아버지는 가끔 집을 허문 곳에서 나오는 나무들을 잔뜩 가지고 오셔서 오라비들에게 박혀 있는 못을 빼라고 시키셨다. 오랫동안 나무에 박혀 있던 못은 녹이 슬어 잘 빠지지 않아 오라비들을 꽤나 애먹였다. 그 나무들은 대부분 땔감으로 쓰였는데 그냥 불에 던져 넣으면 될 것을 왜 힘들게 못을 빼라고 하는지 그 이유를 몰랐다.

어느 날, 메주콩을 삶느라고 온 집안이 분주하던 때였다. 가마솥에서 삶아지고 있는 콩을 한 숟가락씩 떠먹는 재미로 부엌을 들락거리는 나에게 아궁이에 장작을 집어넣으라는 일이 주어졌다. 예나 지금이나 불 때는 걸 좋아하는 나는 뒷마당에 쌓여 있는 나무들을 한 아름 안아다가 부엌에 놓곤 아궁이에 하나씩 던져 넣었다. 나무에 불이 붙어 활활 타오르는 모습처럼 보기 좋은 게 또 있을까. 제법 굵은 나무토막이 온통 불길에 싸여 한 줌 재로 변하는 모습을 넋놓고 보고 있다가 옆에 있는 장작을 집어 드는 순간 뼈를 찌르는 고통이 느껴졌다. 미처 빼지 않은 못이 내 손을 깊이 찌른 것이었다. 집 안이 떠나갈 듯 울어대는 나를 보고 메주를 만들던 식구들이 놀라서 달려왔다. 여린 내 손은 피로 흥건하였다. 파상풍에 걸릴까 걱정된 아버지는 날 업고 병원으로 달려가셨다. 아직도 그때의 흉터가 손바닥에 남아 있다.

그날 저녁에 오라비들은 아버지에게 무척 혼이 났다. 꼼꼼히 살펴보고 못을 빼지 않았다는 이유에서다. 못에 찔리는 것도 문제지만 못이 불에 달구어지면 더 큰 피해를 입을 수도 있다는 것이다. 그 일 이후로 그렇게 좋아하던 불때기를 한동안 할 수 없었다.

오라비가 애써 빼놓은 못은 아무리 작은 것이라도 버려지지 않았다. 구부러진 못은 살살 펴서 크기대로 담아놓곤 필요할 때마다 꺼내어 썼다. 못통에 들어 있던 못은 크고 굵은 대못부터 작고 가느다란 못까지 크기도 다양했다. 그렇게 모인 못은 한 번도 사용되지 않은 반듯한 새 못에 비해 꽤나 볼품없어 보였다.

오라비들은 못 박을 일이 생기면 늘 새 못을 썼다. 그러나 목수였던 아버지는 헌 못이 들어 있는 통을 자주 열었다. 박힐 곳의 성질을 파악하곤 살살 못을 달래며 망치질을 하여 오라비들보다 훨씬 빨리 일을 마치셨다. 오라비들은 새 못을 가지고도 여러 번 박다 빼다 하였지만 아버지는 대부분 한 번에 못을 박으셨다.

그 당시 아버지가 오라비들에게 거듭거듭 당부하신 말씀이 지금도 귀에 쟁쟁하다. 제대로 살펴서 한 번에 못을 박아라. 한 번 잘못 박으면 반드시 흔적이 남는 법이란다. 그 흔적은 절대로 없어지지 않는다는 것을 잊지 말아라. 힘이 좋다고 못을 잘 박는 게 아니다. 힘으로만 망치질하다 만들려던 것을 망치는 경우가 종종 있느니라. 망치질을 잘못하여 삐딱하게 박히면 그 못은 오래도록 그런 모습으로 지내야 한단다. 못이 왜 구부러지는지 아느냐. 그건 전적으로 망치질하는 사람들 때문이다. 하물며 사람들 가슴에 못 박을 일은 애당초 하지 말아야 하느니.

이 나이가 되도록 못 박기에 서툰 나는 아픈 엄지손가락을 다른 손가락 안에 슬그머니 숨겼다. 오래전에 돌아가신 아버지의 음성이 쩌렁쩌렁 귓가에 들리는 듯하다.

서안書案

아는 분에게서 책상을 선물받았다. 가구 만들 때 주로 사용되는 빛깔 고운 나왕을 잘 다듬어 아담하게 만든 것이다. 옛 선비들이 사용하던 서안書案과 흡사한데, 현대적 미감을 살려 간결하면서도 세련된 모습이다. 책상 위는 직사각형의 평면이고, 양쪽 다리는 창덕궁 안의 금천교처럼 아치 형태다. 가느다란 다리가 아니라 통나무를 사다리꼴로 켠 후 가운데를 둥글게 파낸 것이어서 무게가 잡히고 안정감이 든다. 진갈색을 살짝 칠하였는데 나뭇결이 은은히 드러나 볼수록 아름답다. 들고 다닐 수 있도록 다리에 경첩을 붙여 실용성을 더한 이 책상은 책 한 권과 노트를 펼치면 딱 알맞을 크기다. 책상 안쪽에 선물한 날짜와 만든 이의 호가 새겨져 있어 더욱 정감이 간다.

어쭙잖은 내 수필집을 읽고는 책상을 꼭 만들어주고 싶었다며 몇날 며칠 손수 만들어 직접 들고 온 것이다. 귀한 선물에 가슴이 찡하다. 받을 자격 운운은 잠시 접어두고 우선 고마운 마음 가득하다. 악수를 하는데 손에 반창고가 붙어 있기에 까닭을 물어보니 다리의 둥근 형태를 파내다가 다쳤단다. 그러고 보니 다리 안쪽에 살짝 핏자국도 보인다.

이 책상을 처음 내 방에 놓았을 땐 그저 뿌듯하기만 하였다. 이런 책상 하나쯤 갖고 싶다는 생각을 늘 하고 있던 참이라 반가움이 컸다. 글은 컴퓨터로 쓰기에 그분의 뜻대로 원고지를 펼칠 일은 없지만, 책을 읽거나 간단한 엽서를 쓰기엔 안성맞춤이다. 가끔 찻잔이 놓이기도 하고, 정다운 이가 오면 향초를 올려놓기도 한다. 작은 책상을 마주하고 앉으니 자연히 숨결이 느껴질 만큼 가깝게 다가앉게 된다. 그러고 보니 책상은 아무리 작아도 혼자만 사용하는 게 아니라는 생각이 든다.

뜻밖의 귀한 선물을 받은 후 한동안 마음의 빚을 진 기분이 들었다. 그러다 문득 인디언들의 선물에 대한 풍습이 떠올랐다. 남태평양에 있는 트로브리얀드 제도의 원주민들은 선물을 받으면 준 사람에게 답례하는 게 아니라 다른 이웃에게 선물하는 방식으로 답례한다고 한다. 그걸 받은 사람은 다시 또 다른 이웃에게 선물을 주어야 한다. 이렇게 선물이 계속 이어져서 그들이 속한 사회를 한 바퀴 돌아 결국은 맨 처음 선물한 사람에게 돌아가는 것이다. 모든 이들이 선물을 받고 또 주면서 살아가기에 결국은 서로가 서로에게 선물이 되고 있는 셈이다.

받으면 그대로 되갚아야 한다는 생각이 지배적인 우리에 비해 훨씬 아름답고 성숙한 문화가 아닌가 싶다.

그분의 기원처럼 좋은 글을 쓰지도 못하면서 덜렁 선물을 받아든 내가 갈수록 딱하다는 생각이 든다. 처음엔 책상에 앉을 때마다 흐뭇하였는데 차츰 그게 아니었다. 글쓰기에 부지런한 편이 못 되는 나는 책상을 볼 때마다 어디선가 준열한 꾸지람이 들려오는 듯하다. 보다 많은 책을 읽지 못하는 것에 대해, 보다 철저히 고민하지 않고 쓰는 글에 대해……. 그러고 보면 책상을 만들어준 이에 대한 답례는 한 줄을 쓰더라도 깨어 있는 정신으로 쓰는 것일 게다. 갈수록 책상이 죽비로 느껴지는 요즈음이다.

대추나무 서 있는 곳

모처럼 봄비가 내린다. 오랜 가뭄 끝에 내리는 단비라 반갑기 그지없다. 한창 솟아나는 나뭇잎들이 푸르름을 더해 가는 계절, 창밖의 대추나무도 아기 손 같은 여린 싹을 내밀고 있다. 작년에 피었던 잎이 바싹 마른 채 떨어질 줄 모르고 지금까지 매달려 있더니 새싹이 나오자 얼른 자리를 내주곤 슬그머니 제 몸을 떨군다. 그러고 보니 그 가랑잎은 새순이 돋아날 때까지 보호막 노릇을 했던가 보다. 그런 깊은 뜻이 숨어 있는 줄도 모르고, 무슨 미련이 남았다고 보기 흉하게 저리도 매달려 있냐고 눈총 꽤나 주었다. 누가 뭐라 해도 흔들리지 않고, 긴긴 겨울을 지나 끝까지 자신의 역할을 충실히 해낸 마른 대추나무 잎이 소리 없이 떨어져 내리고 있다. 봄비 내리는 이 아침에.

책을 읽거나 글을 쓰다 눈이 피곤하면 창문을 열고 그 대추나무를 본다. 손 내밀면 닿을 듯 가까이 서 있는 나무는 오랜 친구처럼 정겹다. 다른 나무들보다 늦게 잎을 피워내는 바람에 죽었나 보다고 생각한 적도 있었지만, 한 번도 기대를 저버린 적이 없다. 늘 그만한 기다림의 시간이 흐른 뒤 어김없이 새 잎을 피워내는 대추나무의 질긴 생명력을 지켜보며, 글 쓰는 것이나 살아가는 일이 힘들다고 엄살 부리는 것조차 부끄럽다.

작은 방 하나 겨우 차지하고 종일 그 안에서 뱅뱅 돈다. 마음에 드는 책 몇 권 꽂혀 있는 작은 책장에 등 기대고 음악도 듣고 차도 마신다. 정말 아끼는 책은 멀리 미국에 있는 동생이나 호주에 사는 후배에게 시시때때로 들려 보내곤 헐렁해진 책장을 울타리삼아 살아간다. 몇 년 전까지만 해도 집안 가득 가득 책을 쟁여놓는 일에 몰두했었는데 이젠 모두 나누어준다. 텅 비어 가는 책장을 보면 마음이 홀가분해진다. 이젠 필요한 책은 도서관에 가서 찾아 읽는다. 그 재미 또한 쏠쏠하다.

대추나무가 다른 나무와 다를 바 없이 왕성하게 잎을 피우면, 그래서 더 이상 특별한 위로를 받을 수 없으면 집 뒤에 있는 산으로 간다. 막힌 실타래는 신기하게도 산에만 들면 풀린다. 소소히 부는 바람에도 숲이 일렁이고, 모든 나뭇잎들이 저마다 뒤채이며 바람을 통과시킨다. 바람이 지나간 자리에 생기는 공간처럼 내 머릿속도 한결 정리된다. 복잡하게 얽혀 있던 생각들이 하나하나 제자리를 찾아 들어가는 시간은 결코 오래 걸리지 않는다. 숲은 이러한 처방에 능숙하다.

생각해보니 태어난 이래 한 번도 산을 떠나서 살아본 적이 없다. 50년이 넘도록 대도시 몇몇 곳을 돌아다니며 살았지만 우연하게도 언제나 산 밑에 있는 집에서 살았다. 일부러 고른 것은 아니었는데도 그리 되었다. 집을 구할 때 산이 없는 동네는 고려의 대상조차 되지 않았을 것이다.

산이 늘 가까이 있으니 틈만 나면 풀방구리에 쥐 드나들 듯 산엘 들락거린다. 산에 가면 작은 내 방에서보다 생각이 훨씬 잘 떠오른다. 산에 있는 모든 것이 사유의 대상이 된다. 나무나 꽃, 벌레들까지 살아 있는 것은 모두 내 관심권 안에 있다. 건너편 산 능선이 말갈기처럼 내리닫는 모습이 시원하게 펼쳐지는 그곳, 우람한 바위틈을 비집고 휘휘 비틀리며 자라는 소나무가 그늘을 만들어주는 마당바위, 그곳이 틈만 나면 찾아가는 내 자리다.

그곳에 오르면 나의 삶터가 아득히 내려다보인다. 성냥갑처럼 올망졸망한 고 작은 공간에서 내 사랑하는 사람들이 서로 기대어 살아간다. 어스름 저녁나절, 하나둘씩 창문마다 등불이 켜지는 걸 산 위에서 보고 있으면 괜시리 코끝이 찡하다. 고단한 일과를 마치고 어깨 축 처진 채 들어서는 가족들을 품어 안는 우리들의 둥지가 거기 있기에 이렇게 마음놓고 떠돌아다닐 수 있는 것을.

출발은 남보다 늦지만 대추나무의 한해살이는 다른 어떤 나무보다 알차다. 오래오래 뜸들인 만큼 대추나무는 실한 열매를 맺는다. 가지가 휘도록 다닥다닥 열린 대추가 볼을 붉힐 때쯤이면 여름도 다 가고, 그악스럽게 울어대던 매미소리도 한풀 꺾인다. 늦게 잎을 피우고, 더 늦게 꽃을 피워도 결국 결실을 보고야 마는 대추나무처럼, 모든 것에 늦되기만 한 나도 열매를 맺을 수 있을까.

토닥토닥 자판을 두드리는 일에도 마냥 게으른 내가 얻을 수 있는 열매란 게 대추보다 클 리 없건만, 그래도 굼뜨게나마 글 쓰는 일을 멈추지 않는 까닭은 내가 살아 있다는 유일한 몸짓이기 때문이다.

누에처럼 스스로 고치를 틀고 들어앉아 죽을 만큼 고독을 견디어야 눈부신 날개를 얻을 터인데, 내겐 그만한 끈기나 인내심이 아예 없으니 어찌 화려한 비상을 기대할 수 있으랴. 틈만 나면 산으로 바다로 달아날 궁리나 하고 있으니 좋은 글은 언감생심 꿈도 꿀 수 없다. 이래저래 창문 밖에 서 있는 대추나무나 부러워할밖에.

구두 한 켤레

얼마 전, 재벌의 총수였던 분의 부음 소식이 장안의 화제가 된 적이 있다. 그분이 경영하던 회사의 발전이 곧 국가경제의 발전이라는 등식이 성립될 만큼 우리나라의 경제부흥과 함께 성장해온 회사의 창업주였다. 각 매스컴에서 앞다투어 그분의 일생을 조명하는 특집을 다루었는데, 그 중에서 가장 인상 깊었던 것은 천문학적 숫자로 표시된 그분의 재산이 아니라 낡은 구두 한 켤레였다. 15년이 넘도록 신어온 구두는 밑창을 몇 번이나 갈았는지 모를 정도로 낡아서 보는 이들을 숙연하게 했다. 아직 주인의 온기가 남아 있을 것만 같은 구두 한 켤레가 백 마디 말보다 더 깊은 슬픔을 말해주고 있었다.

그 구두를 보니 고흐의 〈한 켤레의 구두〉라는 그림 한 점이 떠오른다. 얼마나 오래 신고 다녔는지 거죽이 닳고닳아 칠이 벗겨지고, 처음의 모습은 짐작할 수 없을 정도로 찌그러진 구두는 보는 사람의 마음을 비애에 젖게 만든다. 벗어놓은 구두 한 켤레만 달랑 그려놓았는데도 장편소설 한 권을 읽은 것만큼 구두 주인의 고단한 삶을 그려볼 수 있어 무척 인상적인 그림이다. 힘든 노동을 해야 먹고 살 수 있는, 가난한 삶의 모습들이 농축되어 있는 고흐의 그림과 재벌 총수의 낡은 구두가 닮은 표정을 하고 있다는 사실은 많은 생각을 하게 만든다.

며칠 전, 마지드 마지디 감독의 〈천국의 아이들〉이라는 영화를 보았다. 남매인 오빠와 동생은 신발 한 켤레를 같이 신는다. 수선집에 맡긴 동생의 신발을 찾아오다 잃어버리는 바람에 그렇게 된 것이다. 가난한 집의 사정을 너무나 잘 아는 남매는 신발 사달라는 소리도 못하고, 금방이라도 찢어질 것만 같은 운동화를 번갈아 신으며 학교에 가야 한다. 동생은 오전반, 오빠는 오후반이니 수업이 끝나자마자 달려와서 신발을 바꿔 신는다. 동생의 수업이 늦게 끝나기라도 하면 오빠는 지각할 수밖에 없다.

어느 날, '전국어린이 마라톤 대회'가 열린다는 소식이 전해진다. 3등 상품이 운동화란 걸 안 오빠는 대회에 참가하기로 마음먹는다. 반드시 3등을 해서 동생에게 운동화를 갖다 주겠다고 약속을 한다. 전국에서 몰려온 수많은 아이들을 제치고 맨 앞에서 달리던 오빠는 한 명, 또 한 명을 먼저 보내고 꼭 3등이 되도록 숨이 턱에 닿도록 달렸지만 바라지도 않던 우승을 해버리고 말았다. 우승컵을 받아들면서도 동생과의 약속을 지키지 못한 것이 너무 속상해 눈물을 글썽이는 오빠. 그런 오빠의 모습이 얼마나 애처로운지, 동생을 아끼는 마음이 얼마나 따뜻한지 절로 눈시울이 뜨거워졌다. 가난하지만 마음만은 풍요로웠던 시절을 그리워하게 만드는 영화였다.

마라톤을 끝낸 후 온통 상처투성이인 발을 씻기 위해 벗어놓은 운동화는 밑창이 휑하니 뚫려 있었다. 주인을 위해 제 몸 부서지는 것도 모르고 온 힘을 다해 뛰어준 운동화의 희생에 눈물이 핑 돈다. 가족 간에, 이웃 간에 잃어버린 정의 통로를 살그머니 이어주는 마지드 마지디 감독의 화법話法에 한동안 푹 빠져 있었다.

중학교에 입학했을 때의 일이다. 내가 들어간 학교는 반드시 검은색 단화를 신어야 했다. 〈천국의 아이들〉처럼 가난했던 시절, 구두를 사달라는 말을 차마 입 밖에 내지 못하고 걱정만 하고 있던 참이었다. 어떻게 그 사실을 알았는지 아버지께서 하루는 나를 데리고 시장엘 나가셨다. 아무리 돌아다녀도 그런 구두를 파는 곳이 없어 천상 맞추어야 했다. 쌀 반 가마니 값은 될 정도의 거금을 내고 구두를 맞추어 주었던 아버지의 마음을 난 오랜 뒤에야 짐작할 수 있었다.

난생처음 반짝이는 구두를 찾아 신던 날, 세상 사람들이 온통 내 구두만 바라보는 것 같아 걸음걸이도 반듯하게, 어깨 쭉 펴고 집 앞길을 몇 번이고 왔다갔다했다. 오래 신어야 한다며 조금 크게 해달라는 아버지 말씀을 충실히 따른, 구둣방 주인이 만들어준 구두는 너무 커서 걸으면 덜커덕거렸다. 그래도 좋았다. 졸업할 때까지 딱 그 발에 맞게만 컸으면 좋겠다는 생각을 할 정도로 구두가 좋았다.

구두를 신고 다니는 동안 난 한 번도 달리기에서 1등을 해본 적이 없다. 그때의 바람을 들어주셨는지 그다지 키도 자라지 않았다. 고흐의 구두만큼 정말 오래오래 신고 다녔다. 몇 번이고 칠을 다시 하고, 밑창을 갈고, 꿰맨 부분이 터져 다시 깁기도 하면서 나와 어디든 함께 다녔다. 고치러 갈 때마다 버릴 때가 되었다는 구둣방 주인의 말을 열 번도 넘게 들으며 꿋꿋하게 신었다.

지금은 신발장에 갖가지 신발이 가득하다. 그러나 어떤 신발을 사도 그때처럼 기쁘지 않다. 신다가 싫증나면 멀쩡해도 버리고 다른 것을 산다. 유행 따라 사고, 옷차림에 맞추어 산다. 쉽게 얻고 쉽게 버리는 생활에 익숙해진 우리는 그만큼 많은 것을 잃었다.

오래도록 함께 지낸 물건은 이미 무생물이 아니다. 주인의 체취가 흠뻑 배인 구두 한 켤레, 지갑이나 안경은 곧 그 사람을 상징한다. 손때 묻은, 땀 배인 소지품들은 곧 나의 자서전일 수도 있다.

바람의 선물

아침에 일어나 창문을 여니 가랑잎 하나가 툭 떨어진다. 바람결에 날려와 내 방 창틈에 끼여 있었나 보다. 바스락거리는 가랑잎을 보니 아직도 봄이 멀게만 느껴진다. 멀어져 가는 겨울이 보낸 마지막 편지인가. 조금만 힘을 주어도 금세 바스라지는 가랑잎을 보며 찬란했던 지난봄과 여름 그리고 가을을 떠올려본다.

꽃샘추위가 연일 계속되는 요즘 같으면 봄이 오기도 전에 동장군에 밀려 다시 멀어져 갈까 봐 자꾸만 창문 곁을 서성이게 된다. 창문 앞에 서 있는 아기단풍나무의 새순이 볼록해지길 기다리고 또 기다리느라 목이 한 뼘쯤은 길어진 듯하다.

갈빛 마른나무 가지들이 가벼운 스침에도 툭툭 부러질 정도로 진이 빠져야 봄은 다가오려는가. 조금만 바람이 세게 불어도 가지가 상할까 봐 나무에게서 눈을 뗄 수 없다. 작년에 병이 들어 쪼그라든 잎만 보여주던 대추나무도 긴 겨울잠을 자는 동안 건강을 되찾고 싱싱한 모습으로 우리 앞에 나타나길 기다리며 길고 긴 겨울을 건너왔다.

봄의 걸음이 조금 더디다는 소식을 전하러 온 가랑잎이 바람에 휙 날아간다. 미처 잡을 새도 없이 공중제비로 돌더니 저만치 툭 떨어진다. 공기처럼 무게가 느껴지지 않을 정도로 가벼운 가랑잎을 장난감처럼 가지고 노는 바람의 심술이라니…….

어렸을 때부터 바람의 정체가 궁금했다. 치마를 살랑살랑 흔들어대던 장난기 많은 바람부터 거대한 나무를 뿌리째 뽑아버리는 폭풍에 이르기까지 언제 어디서나 존재하고 있는 바람. 어쩌면 우주의 시원始原이기도 한 그 바람의 고단한 행로를 한 번쯤 추적해보고 싶다는 엉뚱한 생각에 한동안 사로잡혀 있기도 했다. 어쩌면 그것은 지구상에 존재하는 온갖 사람들이 살아가는 모습을 확인하고 싶은 열망에서였을 것이고, 민들레 씨앗처럼 이리저리 옮겨다니며 자신에게 알맞는 삶의 토양을 찾아내는 사람들의 눈물겨운 행적을 알아낼 수 있으리란 기대에서부터 시작되었을 것이다. 나타났다가는 사라지고 사라졌다가는 다시 나타나는, 절대로 소멸되지 않는 영원한 생명력을 가졌으면서 무한한 우주공간을 거침없이 돌아다닐 수 있는 것이 바람 말고 무엇이 또 있으랴.

보이지도 않고 만질 수도 없고 더욱 냄새도 없으면서 늘 자기 존재를 일깨우며 돌아다니는 바람을 이용해 인류는 참으로 많은 것을 만들어냈다. 풍차를 만들어 곡식을 찧고, 바람의 힘을 이용해 에너지를 얻었다. 육중하기 그지없는 비행기를 가뿐히 날게 하고, 날렵한 요트를 수면 위에서 미끄럼 타게 한다. 그러나 아직도 바람의 효용가치를 다 파악해내지는 못했다. 어쩌면 태양처럼 바람의 무한한 에너지를 찾아내는 작업을 하느라 수많은 과학자들은 지금 이 순간에도 머리를 싸매고 있으리라.

며칠 전 한 공중파 방송에서 사하라사막을 촬영한 것을 보여주었다. 사막 중에서도 특히 사하라사막은 내가 가장 가보고 싶은 곳이어서 관심 있게 지켜보았다. 황량한 모래벌판이 끝없이 펼쳐지고 가끔 바위산이 울울하게 솟아 있는데 그 모양새가 한결같이 기묘한 형상이었다. 바람이 바위를 깎아내려 그런 모습이 된 것이라고 했다. 연하디 연한 내 살갗 한 점 어쩌지 못하는 바람이 그 단단하고 육중한 바위를 밀가루 반죽하듯 저렇게 다양한 모양으로 조각해 놓은 걸 보고 바람의 힘이 얼마나 강하고 끈질긴지 확인할 수 있었다.

그러나 정작 내 시선을 붙든 건 모래벌판에 남겨놓은 바람의 흔적이었다. 물이랑처럼 부드러운 곡선이 끝없이 펼쳐져 있고, 중간 중간 야트막한 구릉이 솟아 있어 긴장감을 더해주는 사막의 풍광은 화면에서 보는 것만으로도 숨막히게 아름다웠다. 사막이 아름다운 이유는 가슴에 오아시스를 품고 있기 때문이라고 말한 사람도 있지만 내가 보기엔 사막은 그 자체로도 충분히 아름다웠다. 나무 한 그루 자랄 수 없는 척박한 땅에서 바람은 저 홀로 그냥 그렇게 장난치며 존재하고 있었던 것이다. 심심하면 모래바람 일으켜 조금씩 바위를 깎아내고, 그래도 심심하면 모래벌판을 도화지삼아 이리저리 손 자국도 내면서. 시간의 흐름을 의식하지 않고, 여기저기 구분짓는 경계조차 무시한 채 끝없이 펼쳐진 드넓은 공간 이곳저곳을 동시에 휘돌아다니며 자신의 존재를 확인시키고 있었다.

사하라사막을 탐사하는 사람들은 사진작가들이었다. 그들이 사하라사막에 대해 갖고 있는 정보란 게 고작 30년 전에 만들어진 어설픈 지도 한 장이었다. 대체 사막의 지도를 만들 수 있기는 한 것인가. 하루에도 몇 번씩 지형이 바뀌는 게 사막이 아니던가. 바람 한 번 세게 불면 없던 산이 생겨나는 판국인데.

사하라의 숨겨진 비경을 찍기 위해 어쩌면 목숨 걸고 나선 이들의 표정은 의외로 담담했다. 어떤 위험이 도사리고 있을지 전혀 짐작조차 할 수 없는 상황인데도 그들의 관심은 온통 원하는 사진을 얻을 수 있는가 하는 것뿐이었다. 지프차에 식량과 사진기, 행글라이더만 달랑 싣고 끝도 없이 펼쳐진 모래벌판을 달려가는 그들의 모습이 얼마나 부러운지 넋을 잃을 지경이었다.

흙먼지를 일으키며 며칠 동안 계속 달리기만 하던 차가 어느 지점에서 멈추었다. 이리저리 지형을 살피던 사진작가가 카메라를 매고 행글라이더를 착용하였다. 동료들의 도움을 받아가며 한참을 달려가다 이내 공중으로 붕 떠오르더니 어느덧 시야에서 사라져버렸다. 남아 있는 사람들이 무전기로 계속 신호를 보내도 응답이 없자 불안한 기색이 역력하다. 날씨가 언제 어떻게 변할지 예측할 수 없는 사막 한가운데에서 오직 행글라이더에 의지하여 떠다니는 것은 어찌 보면 무모한 행위일지도 모른다.

시간이 얼마나 흘렀을까. 허공에 점 하나가 나타났다. 사람들의 시선이 일제히 그곳으로 쏠린다. 모두들 안도의 한숨을 토해낸다. 아무 일도 없었다는 듯 사뿐히 땅에 내린 사진작가의 얼굴엔 기대했던 환희의 표정이 없다. 잠시 돌아본 것으로 요란하게 떠들어대기엔 사막은 너무나 광대하므로 차라리 침묵하는지도 모른다.

그들이 찾아나선 것은 무엇일까? 단순히 사막의 다양한 변화의 순간을 포착하러 목숨 걸고 그 먼 곳까지 달려가진 않았으리라. 길 없는 길을 뚫고 가면 바로 그 뒤에서 바람이 불어 바퀴 자국마저 흔적 없이 사라지게 하였다. 그건 공포였다. 이정표도 없는 광막한 모래벌판을 오직 나침반 하나와 낡은 지도에 의지하여 떠나게 만든 힘은 대체 무엇인가. 그에 대한 대답으로 그들은 몇 장의 사진들을 보여주었다. 그들이 찍은 사진 속엔 바람의 흔적이 생생하게 담겨 있었다.

그들이 보여준 것 중에는 한 장도 같은 사진이 없었다. 소재는 오직 모래 하나뿐인데 그토록 다양한 표정을 연출해내다니 바람의 힘은 차라리 경이로웠다. 아무리 천재적으로 타고난 화가의 정교한 손놀림이라도 단번에 그토록 다양한 그림을. 그렇게 부드러운 곡선을 그려낼 수는 없으리라. 계단식 논처럼 층계를 이루면서도 완만하게 휘어진 선의 아름다움이 극치를 이룰 때가 있는데 바로 석양 무렵이었다. 지평선 너머로 붉은 해가 서서히 넘어갈 때 모래벌판은 그대로 하나의 화폭이 된다. 층계를 이룬 모래벌판에 그림자가 생기자 기막힌 입체화로 변하면서 사막 전체가 살아 움직이는 것이었다. 그들은 바로 이런 모습을 눈으로 직접 확인하고 싶어 무수한 난관을 뚫고 이곳까지 왔을 것이다. 따로 구도를 생각하지 않아도 어디를 찍든 완벽한 작품이 나온다는 것을 그들은 이미 알고 있었던 것이다.

나는 그만 바람의 흔적에 빠져들었다. 천진한 아이들이 놀이터에서 흙을 가지고 아무 생각 없이 장난하고 있는 모습처럼 바람 그 자체는 사실 아무런 목적 없이 그렇게 우주를 구성하고 있었던 것이다. 아니 사실 '목적 없이'란 내 표현은 적절하지 않다. 우주를 형성하고 있는 것에 아무런 목적이 없는 것은 티끌 하나도 없다는 걸 잘 알고 있으면서도 굳이 그런 표현을 쓴 것은 아마 문명화된 인간의 속물근성에서 나온 것일 게다. 목적 없다는 것은 곧 존재의 의미조차 없다는 뜻으로 호도되고 있음으로. 그래서 현대인들은 늘 목적의식을 찾아내는 데 급급하여 너무나 소중한 것들을 낭비하고 있음으로. 그런 것에 지칠 대로 지친 내 의식이 목적 없이도 충분히 아름다울 수 있다는 걸 강조하게 위해 그런 억지 표현을 쓰고 싶었는지도 모른다.

자신의 손장난에 넋을 잃은 사람들은 전혀 안중에도 없이 이리저리 돌아다니던 바람이 어느 순간 불쑥 솟구쳐 올라 아프리카를 건너 아시아를 휩쓸고, 히말라야를 거뜬히 넘어 끝내 우리나라 내 방 창문에 이르기까지의 길고 긴 여정을 서슴지 않는 까닭이야 말해 무엇하랴. 꽁꽁 언 대지 속에서 꿈틀거리고 있는 생명의 움직임을 눈치챘기 때문이지. 바싹 마른 나뭇가지가 힘겹게 물을 빨아올리는 소리를 들었기 때문이지. 날마다 목 길게 빼고 아기단풍잎이 꼬물거리며 피어나는 걸 손꼽아 기다리는 내 마음을 읽은 때문이지.

가랑잎 편지를 받고는 가만히 있을 수 없어 집 뒤에 있는 산에 오른다. 햇살이 따스하다. 아직 군데군데 잔설이 남아 있고, 응달진 곳에는 얼음이 꽁꽁 얼어 있어 걷기에 조심스럽지만 아! 봄은 이미 기지개를 켜고 있음을 알겠네. 소나무 가지에 쌓여 있던 눈이 녹아 방울방울 내 머리 위에 떨어지고, 계곡에선 얼음장 밑으로 졸졸 소리내어 물이 흐르고, 바위턱에 매달려 있는 고드름이 차츰 키를 줄이고 있는 걸 보니 이미 봄기운이 온 산을 감돌고 있음을 알겠네.

한량없는 기다림처럼 막막한 것이 또 있을까. 바람은 그런 내 마음을 읽었나 보다. 그래서 나를 산으로 이끌어내었나 보다. 진달래 꽃눈이 볼록볼록 복스럽게 솟아나고, 가까이 보면 아직 마른 가지인데 건너편 산 능선을 바라다보면 거기 빽빽한 나뭇가지에 푸른빛이 언뜻언뜻 스친다. 머지않아 연둣빛 새순이 사방에서 돋아날 테고 황량한 이 숲은 다시 생명의 열기로 가득하리라.

이 모든 것이 햇살과 바람 덕이 아니고 무엇이랴. 적도의 뜨거운 바람이 이곳까지 오는 동안 적당한 열기로 식었을 것이고, 겨우내 언 가지를 부드럽게 어루만져 새 생명의 탄생을 도왔을 것이다. 이윽고 꽃이 피고, 풀벌레 꼼지락거리며 흙 사이를 돌아다녀 숨구멍을 틔우는 기적 같은 봄을 만들어내는 바람의 손길, 그의 고향이 바로 사막인 것을! 이런 것을 알고도 어찌 사막을 사랑하지 않을 수 있겠는가.

산을 내려오는 길목에서 뜻하지 않게 매화나무를 만났다. 오래 묵은 등걸에서 자라난 가지 끝에 조르르 맺힌 꽃망울이 탱탱하니 금방이라도 터져나올 듯하다. 반가운 마음에 이리저리 살피는데 수줍은 듯 연분홍빛 꽃이 딱 한 송이 활짝 피어 있다. 영하의 날씨를 뚫고 피어나는 매화의 꼿꼿한 기상이 눈부시다. 남보다 먼저 봄을 알리는 매화의 부지런함에 문득 목이 메인다. 바람의 움직임을 먼저 알고 기쁘게 반기는 저 매화의 향기를 어찌 해야 닮을 수 있으랴. 자연의 순서는 때로 어긋나야 아름다운 법. 잎이 핀 다음에 꽃이 피는 일반적인 법칙을 어기고 굳이 꽃부터 피는 건 대부분 봄꽃이다. 기나긴 겨울나기에 지친 사람들 위로하려고 서둘러 꽃부터 보여주는 바람의 애정어린 손길을 우린 기억해야 하리. 아무리 힘들고 어려워도 결국 봄은 온다는 것을 일깨워주기 위해 그 고단한 여정을 마다 않고 떠나온 바람의 행적이 오늘따라 유난히 눈물겹게 고맙다.

또 바람이 분다. 슬며시 옷깃을 흔들며 발밑에 봄이 다가와 있다고 속삭이곤 물푸레나무 꼭대기로 달아난다. 매화꽃 향기를 선물로 남겨놓고 기다림에 지친 또 다른 사람을 찾아 바람은 그렇게 사라져갔다.

▣ 작가연보

- 1955년 서울특별시 서대문구 북아현동에서 아버지 鄭靈雲과 어머니 林景德 사이의 오남매 중 넷째로 태어남
- 1978년 우국성과 결혼
- 1979년 아들 秀泳 태어남
- 1982년 딸 秀眞 태어남
- 1983년 영남여성백일장 산문부 입상
  백일장 수상자들의 모임인 '모시올'동인회 입회로 문학 활동 시작
- 1985년 롯데백화점 제1회 백일장에서 산문부 장원
- 1989년 월간 ≪한국시≫에 수필 〈여백의 미〉와 〈하늘에 닿는 소리〉로 등단
- 1990년~현재까지 계간수필, 수필문학, 현대문학, 수필시대, 문예사조, 월간문학 등에 작품 발표, 경기일보, 국민일보, 한국논단. 월간 국방에 칼럼 및 에세이 발표
- 1991년 정선모 글짓기 논술교실 10여 년간 운영
- 2001년 고려사이버대학교 문화예술학과 입학
- 2003년 제13회 수필문학상 수상
- 2004년 고려사이버대학교 문화예술학과 졸업
- 2010년 국방부에서 발행되는 ≪마음의 양식≫에 작품 10편 발표

– 2011년 현재 수필문우회, 한국문인협회, 국제펜클럽 회원

▣ 저서

수필집 : ≪빛으로 여는 길≫(1995)

≪지휘자의 왼손≫(1999)

≪바람의 선물≫(2003)

동인지 ≪모시올≫, ≪화요문학≫에 작품 다수 발표

현대수필가 100인선 · 94
정선모수필선

아버지의 기둥

초판인쇄 | 2011년 8월 8일
초판발행 | 2011년 8월 12일

지 은 이 | 정 선 모
펴 낸 이 | 서 정 환
펴 낸 곳 | 좋은수필사

주 소 | 서울시 종로구 익선동 30-6
운현신화타워 빌딩 3층 305호
전 화 | 02)3675-5635, 063)275-4000
등 록 | 1984년 8월 17일 제28호
홈페이지 | http://www.shin-a. co. kr
e-mail | essay321@hanmail.net

값 7,000원

ISBN 978-89-5925-363-0 (04810)
ISBN 978-89-5925-247-3 (전100권)